(T)RAUMSCHIFF SURPRISE
PERIODE 1

THESEN HINTERGRÜNDE ANALYSEN

MICHAEL BULLY HERBIG

Bibliografische Information der Deutschen Bibliothek
Die Deutsche Bibliothek verzeichnet diese Publikation in der
Deutschen Nationalbiobliografie; detaillierte bibliografische
Daten sind im Internet über http://dnb.ddb.de abrufbar.

© 2004 herbX film / film- und fernsehproduktion GmbH
Lizenz durch MR Merchandising & Retail GmbH & Co. KG

1. Auflage 2004
© der Buchausgabe: Egmont vgs verlagsgesellschaft mbH
Alle Rechte der Verbreitung, auch durch Fernsehen, Funk, Film,
fotomechanische Wiedergabe, Bild- und Tonträger jeder Art,
sowie auszugsweiser Nachdruck vorbehalten.

Text: Alfons Biedermann, Nicola Knoch
Originaldrehbuch: Michael Herbig, Alfons Biedermann,
Rick Kavanian
Lektorat: Tina Landwehr
Produktion: Annette Hillig, Sandra Pennewitz
Gestaltung/Layout: Elke Loeb, Michael Knoch
Szenenfotos: © herbX film/JAT Jürgen Olczyk
Weitere Fotos: Caroline Benda, Alfons Biedermann,
Johannes Kempter, Elke Loeb, Emma Mascall, Georg
Korpás (Make Up & Prosthetics www.georgkorpas.com),
Julia Smith, Michael Waldleitner
Screenshots: © Take2 Interactive aus dem offiziellen
PC Spiel zum Film
Zeichnungen: Toddy Bauer, Michael Herbig, Elke Loeb, Julia
Smith, Ulrich Zeidler (Conceptual-Design-Zeichnungen)

Umschlaggestaltung: Michael Knoch
Titelfoto: Jürgen Olczyk
Litho: Repro Schmitz, Köln
Druck: Appl, Wemding
ISBN 3-8025-3325-9

Besuchen Sie unsere Homepages:
www.vgs.de
www.bully-merchandise.de
www.periode1.de

 Unendlich weit weg!

Wir schreiben das Jahr 2304. Die gesamte Crew des wissenschaftlichen Erkundungs-Schiffes SURPRISE befindet sich nun schon seit ungefähr 15 Erdenjahren im Auftrag der Bodenstation auf Erkundungsflug zur Entdeckung neuer Welten und unbekannter Lebensformen. Es wurde zwar bislang noch nichts entdeckt, alle Crewmitglieder um Käpt´n Kork sind sich aber ihrer Verantwortung bewusst und stets hoch konzentriert bis in die Haarspitzen. Alle Besatzungsmitglieder sind sich darüber im Klaren, von welch hoher wissenschaftlicher und ethischer Bedeutung diese Mission für die Menschheit ist. Alle an Bord können auf eine sehr spezifische und umfassende Ausbildung für ihre jeweiligen Pflichten zurückblicken. Jeder weiß mit dieser ihm anvertrauten Aufgabe angemessen wertschöpferisch umzugehen. Es ist ein gutes Gefühl, einer solchen Elite angehören zu dürfen. Käpt´n Kork ist nicht ohne Grund stolz und gut gelaunt an diesem Tag – eine Hochrechnung über die Käsesahnevorräte an Bord hat ergeben, dass diese noch weit über 12 Erdenjahre reichen werden, sollte sich der Verbrauch nicht drastisch erhöhen.

Ein weiterer Grund für gute Laune: Das wichtigste Jahres-Großereignis, auf das sich alle mit wissenschaftlicher Hingabe vorbereiten, rückt mit großen Schritten heran: **Die Wahl zur Miss Waikiki!**

Aber dazu ein anderes Mal mehr ...

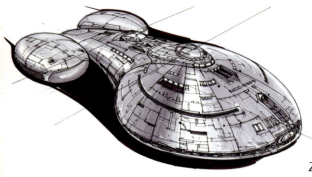

Unendlich weit weg!

Die SURPRISE. Baujahr 2150. Das Schiff ist mittlerweile über 150 Jahre alt, ein echter Klassiker. Es ist schwierig, Ersatzteile für das Schiff zu bekommen, das steigert aber den Charme und den ideellen Wert dieses Kreuzers. So kommt es auch, dass man seit längerer Zeit einen nicht behobenen Marderschaden mit sich herumträgt. Bislang ist dies aber noch niemandem aufgefallen – seit über 5 Jahren war es nicht mehr notwendig, Mops 1 zu fliegen.

Käpt´n Kork ist auch immer bemüht, aus Gründen der Sicherheit eher mit Richtgeschwindigkeit* zu reisen, da gibt es keine Kopfschmerzen – er hält nichts von willkürlicher Raserei, zu hoch wird das Risiko im Vergleich zum Nutzen. Käpt´n Kork hat vor längerer Zeit mal den „Sicher zur Erde - sicher nach Haus"-Ehrenwimpel der Weltraumverkehrswacht bekommen.

TECHNISCHE DATEN DER SURPRISE:
Gewicht: 220 000 Tonnen, 3 Stockwerke,
Höchstgeschwindigkeit: einfache Mopsgeschwindigkeit (entspricht ca. 0,98888facher Lichtgeschwindigkeit, womit sie allerdings verglichen mit modernen Schiffen recht behäbig daherkommt).

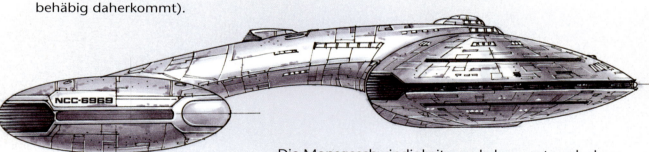

Die Mopsgeschwindigkeit wurde benannt nach dem Physiker Dr. Ing. Ferdinand Mops, der den für den damaligen technischen Stand revolutionären Antrieb maßgeblich entwickelt hat.

Nutzfläche 800 qm

Raumaufteilung:

– 8 Einzelzimmer (1 Käpt'n Suite)
– 16 Doppelzimmer, entweder mit Stockbett oder ausziehbarer Couch
– alle Zimmer mit Veloursteppich in verschiedenen Designs, ausziehbarem Bügelbrett, elektrischem Föhn, Steckdose
– Dusche und WC auf dem Gang
– Aula mit Stereoanlage
– Frühstücksraum, Stiefelraum
– Landerampe

Seit einigen Jahren ist diese Kennzeichnung Pflicht. Andere Verkehrsraumteilnehmer unterschätzten bei Überholmanövern die Länge des Kreuzers – es kam schon mehrfach zu Auffahrunfällen.

Schweberaum
Aufbauschweben, Herz-Kreislauf-Schweben, Einzelschweben oder einfach Spaß, Abwechslung und Motivation im lockeren Gemeinschafts-Schweben!

Landerampe
Abflugs- und Ankunftsbereich. Einchecken, einsteigen und los! Oder nutzen Sie das vielfältige Angebot von Duty Free und Travel Value!

Beambereich
Ultimatives Beam-Vergnügen mit höchstem Komfort! Oder einfach nur von A nach B!

Kommandozentrale
Hier werden alle wichtigen Entscheidungen – z.B. die Einteilung zum Tafeldienst – getroffen.

*RICHTGESCHWINDIGKEIT

540.000.000 km/h (halbe Lichtgeschwindigkeit). Dies ist die vom Weltraumverkehrsamt empfohlene Geschwindigkeit. An sich herrscht im All kein Tempolimit. Doch aufgrund einer Häufung katastrophaler Verkehrsunfälle wurde dieses Tempo empfohlen. Die schweren Verkehrsunfälle ereigneten sich stets bei Überlichtgeschwindigkeit.

Die Erfahrungen mit Geschwindigkeiten über Licht haben gezeigt: Problematisch bei einem Tempo über Lichtgeschwindigkeit sind die Frontscheinwerfer des Raumschiffes. Wenn das Fahrzeug schneller unterwegs ist als das Licht, wird die Ausbreitung des Scheinwerferlichts in Bewegungsrichtung unterbunden. Das Licht kommt nicht aus dem Scheinwerfer heraus, staut sich im Reflektor der Lampe an. Da ständig neue Lichtteilchen aus der Glühbirne ausgestrahlt werden, platzt der Scheinwerfer irgendwann unweigerlich, weil das Licht förmlich überquillt. Da die Raser im All in der Folge alle ohne Licht unterwegs waren und dieses Sicherheitsrisiko unterbunden werden sollte, empfahl man schließlich die Richtgeschwindigkeit.

2304, Erde

Eine Großstadt im Jahr 2304. Tausende Wolkenkratzer ragen viele hundert Meter in den Himmel. Zigmillionen Menschen wohnen, leben und arbeiten hier. Es ist die Welthauptstadt, City of Government. Hier hat die Weltregierung des Jahres 2304 ihren Sitz. Oberhaupt ist eine Königin, der die Senatoren der Kontinente unterstellt sind. Die Erde wurde der Einfachheit halber in 4 gleich große Kontinente eingeteilt.

Die 12 Senatoren sind die Vertreter der Kontinente. Der Regierungssitz befindet sich in einer großen Regierungskuppel hoch über der Stadt. Von dort aus wird die Welt regiert.

Drastische Sparmaßnahmen in der Vergangenheit

Eine typische Sitzung der Weltregierung.

Das Weltbild hat sich aufgrund einer einst weltweit katastrophalen Finanzlage stark verändert. Das System der Erde mit den vielen Staaten, Ländern, Gemeinden, mit den vielen viel zu teuren Politikern und Staatsdienern, wie wir es aus dem 21. Jahrhundert kennen, hat sich aus einfachen Kostengründen Ende 2035 schlicht selbst eliminiert (es war bereits Anfang des 19. Jahrhunderts bekannt, dass die horrenden Kosten, die dieser Menschenschlag produzierte, in keiner Relation zum Nutzen für die Menschheit standen).

Durch eine stetige Globalisierung hat sich die Vielzahl der Länder, die wir heute kennen, stark reduziert. Die Erde wurde der Einfachheit halber in übersichtliche 4 Kontinente unterteilt. Um die Kosten wieder in den Griff zu bekommen, musste ein waghalsiger Schritt getan werden: Alle Länder der Erde einigten sich darauf, ihre Staatsapparate drastisch zu reduzieren und weltweit zusammenzufassen. Zu schwer wurde diese globale Veränderungsmaßnahme der Menschheit nicht gemacht, denn der Vorteil lag auf der Hand: Die immensen Summen Geld, die nicht mehr benötigt wurden – für die ganzen überflüssig gewordenen Staatsdiener, Bürokraten, Amtsträger etc. – blieben direkt in den Geldbeuteln der Weltbürger. Eine angenehm positive Wirkung war sofort spürbar. Die Steuerbelastungen der Bürger sanken auf einen für uns unvorstellbar tiefen Wert. Diese Tatsache hatte zur Folge, dass sich die Weltwirtschaft bald erholte. Ein deutlicher Anstieg der Zufriedenheit auf Erden war ebenfalls spürbar. Die ganze Welt wurde von einer einzigen, stark reduzierten Regierung geführt.

Drastische Sparmaßnahmen in der Vergangenheit

Man einigte sich darauf, dass die Weltregierung – dafür hatte man sich in etwa das System der Fußballweltmeisterschaft zum Vorbild genommen – alle 4 Jahre in einer anderen Stadt der Welt gastieren sollte. So war gesichert, dass jeder mal die Hauptstadt stellen konnte. Anfangs war natürlich jede Stadt darum bemüht, den Welt-Regierungssitz stellen zu dürfen. Doch diese Euphorie ließ mit den Jahrzehnten stark nach. Es stellte sich heraus, dass viele Unannehmlichkeiten damit verbunden waren. Denn anders, als wir das heute kennen, haben die Regierungsmitglieder des 22. Jahrhunderts einen stark ausgeprägten Starfaktor aufgebaut.

Es mag schwer vorstellbar für jemanden aus dem 21. Jahrhundert sein, aber die Politiker in der Zukunft werden von den Massen teils so abgöttisch verehrt, wie wir das höchstens von den erfolgreichsten Popstars unserer Zeit kennen. Regierungshauptstadt zu sein bedeutete also auch, ein großes Ensemble an „Megastars" beherbergen zu müssen. Durch kreischende Fans verstopfte Straßen, rote Teppiche überall, Berge von Teddybären, Unterwäsche, gesperrte Einkaufspassagen, Reporter… das nervte und störte auf Dauer die Atmosphäre in der Stadt.

Im Jahr 2225 war es so weit, dass keine Stadt der Erde mehr freiwillig zur Hauptstadt werden wollte. Eine Regelung musste her! Man beschloss, dass die Weltregierung immer in der Stadt mit der meisten Kriminalität ihren Sitz haben sollte. Die Folge dieses geschickten politischen Schachzugs war, dass die Bürger aller Städte und Gemeinden dieser Welt versuchten, ihre Kriminalitätsrate gering zu halten, um nicht Regierungssitz zu werden. Auf diese Weise ist der wohl größte Wunsch der Menschheit in Erfüllung gegangen: Die Welt ist friedlich geworden. Das Geld, das man für Rüstung und Polizei auf diese Weise einsparte, konnte in die Weltraumfahrt oder in Schokolade gesteckt werden. Waffen sind auf der Erde fast komplett von der Bildfläche verschwunden. Wer mit einem BH aus dem Haus geht, ist ausreichend bewaffnet.

Themen, Gesetze, Debatten, Dialog!

Senator Davis
Arbeitet halbtags in der Regierung als Vertretung.

Konsul Kanon
Der Skeptiker demonstriert Erdverbundenheit, wohnt in einer Parterre-Wohnung.

Senator Eric
Er kam vom 100m-Lauf zur Politik.

Senator Bean
Schönster Senator der Welt mit Fotomodell-Vergangenheit.

Königin Metapha

Königin Metapha ist Herrscherin über die Welt. Ihr offizieller Titel lautet:
Queen In Replacement Through Maternity Leave
(Schwangerschaftsvertretung)
Diese Bezeichnung attestiert ihr die uneingeschränkte königliche Regierungsmacht, ohne Nachfahrin eines Königshauses zu sein.

Die königlichen Herrschaftsinsignien

sind in ihrer jetzigen Form um das Jahr 2007 entstanden. Auffällig daran ist die unterschiedliche Karatzahl des Goldes zwischen dem Haarreif und dem Augencollier.

Die Herkunft der Einzelteile kann nicht mehr eindeutig zugeordnet werden – es wird allerdings vermutet, dass das Gesamtkunstwerk in seiner jetzigen Ausführung im Jahre 2007 von Onandi V. aus Einzelelementen zusammengefügt und um das Jahr 2040 vom Königshaus auf einem öffentlichen Basar in Rimini erstanden wurde.

Königin Metapha wurde im Sommer des Jahres 2303 vom Weltarbeitsamt als Schwangerschaftsvertretung für die in anderen Umständen befindliche „Königin ohne Nachfolger" in dieses Amt berufen. Sie hatte keine andere Wahl und musste diese Stelle antreten, da sie vorher bereits drei Job-Angebote abgelehnt hatte.

Ihre Voraussetzungen entsprachen den Anforderungen des Weltarbeitsamtes nahezu ideal, denn Metapha konnte ihre königlichen Befähigungen bereits als PRINCESS OF THE YEAR des Jahres 2301 unter Beweis stellen. Ihre Regierungsentscheidungen fällt sie stets zusammen mit den ihr untergeordneten Senatoren.

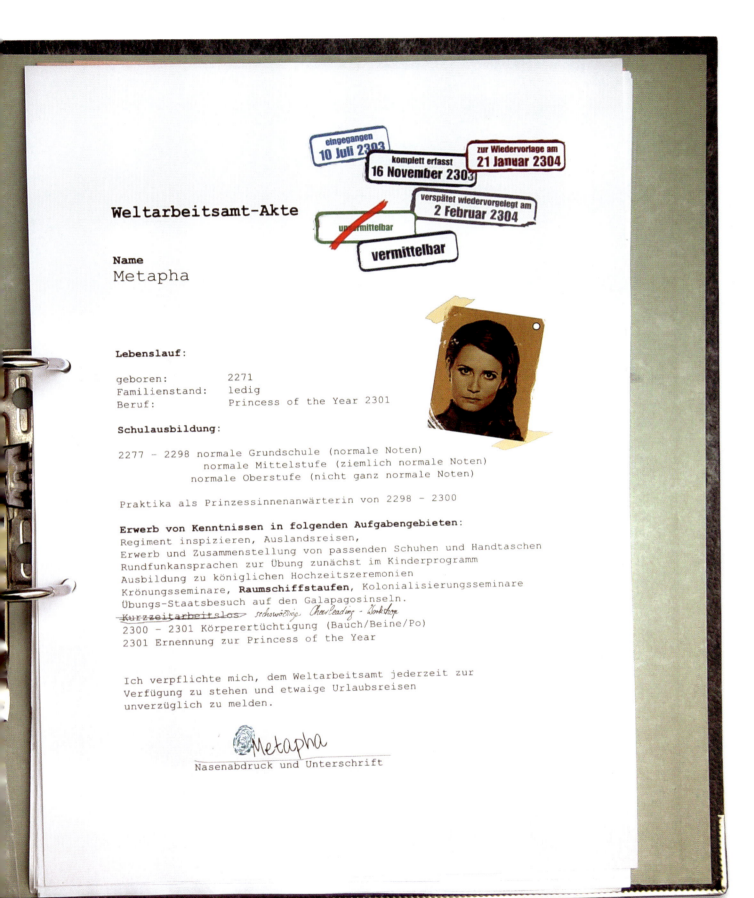

Akte des Arbeitsamtes über Königin Metapha – der glücklichen Herrscherin über eine friedliche Welt.

Friede, Freude, aber ....

Der Mars. Was aus dieser Perspektive so friedlich wirkt, ist zur größten Bedrohung aller Zeiten für die Erde geworden.

Die friedliche Atmosphäre ist trügerisch.
Der Blaue Planet ist in Gefahr.
Er ist von feindlichen Streitkräften aus dem All
– genauer gesagt vom Mars – umzingelt.

Noch nie war die Bedrohung für die Erde so groß wie jetzt.

Gigantische Kampfkeks-Parkhäuser haben um die Erde Stellung bezogen.

Der Mars im Jahr 2304

Die finstere Kommandozentrale des Regulators.

D er Mars ist von Menschen bewohnt. Von seiner Kommandozentrale auf dem Roten Planeten aus steuert der Mars-Regulator eine noch nie da gewesene, militärische Kampfmaschinerie in Richtung Erde, um diese zu erobern. Mächtige imperiale Raumschiffe (Kampfkekse) haben einen undurchdringbaren Ring um die Erde geschlossen, um sie niederzuschlagen.

Die friedliche Erde steht einer solchen Angriffsmacht chancenlos gegenüber.

STECKBRIEF Regulator Rogul

Er liebt:	seine Orgel
Er hasst:	Knäckebrotkrümel auf der Klaviatur
Lieblingskomponist:	Georg Friedrich Händellight-Dinner (2211 – 2256)
Lieblingsessen:	Wasser und Brot
Traumpartner:	humorlos, aggressiv, Akademikerin, schlank, fies, unsportlich

Der Mars im Jahr 2304

Regulator Rogul, 52 Marsjahre (entspricht in etwa 103 Erdenjahren), ist der absolute Herrscher über den Mars. Ganz im Gegensatz zu der auf der Erde herrschenden Demokratieform übt der große Regulator seine Macht diktatorisch aus.

Der Regulator hat das beschwerliche Leben auf dem Mars satt, deshalb plant er, die Erde zu erobern, um für sich und sein Marsvolk bessere Lebensbedingungen zu schaffen. Ihm ist es gelungen, die gesamte Marsbevölkerung (ca. 1 Milliarde Marsianer) für seinen Plan – die Kolonialisierung der Erde – zu begeistern.

Er ist nicht nur der absolute Herrscher, sondern auch der Oberbefehlshaber über die Marstruppen, die ihm in blindem Gehorsam folgen. Nahezu die gesamte Marsbevölkerung gehört den Streitkräften der Marsianer an – eine Armee von gigantischem Ausmaß.

Regulators Helfer

Jens Maul (Halb Mensch, halb Maschine, außerdem Lord)

Jens Maul kam von irgendwo aus dem All auf den Mars. Jens stammt von einer uns unbekannten Lebensform irgendwo aus dem Universum. Nur Regulator Rogul kennt das Geheimnis seiner Herkunft. Vor 34 Jahren schickte der damals nicht liierte Regulator sein einziges, mies gelauntes Spermium zu einer Leihmutter auf einen weit entfernten Stern. 9 Monate später kam ein Päckchen per Kurier, in dem sich ein kleines undefinierbares Wesen befand – Jens Maul.

Der Regulator nahm seinen Sohn auf und ernährte ihn mit Küchenabfällen. Rogul zog Jens allein erziehend auf. Jens erwies sich als sehr robustes und widerstandsfähiges Kind mit wenig Emotionen. Intelligent, schnelle Auffassungsgabe etc. – der Vater war sehr angetan. Jens wird vom Regulator dafür eingesetzt, ihn logistisch in allen wichtigen Belangen für die Eroberung der Erde zu unterstützen.

Die perfekte Erstlingskost (mit reichlich Immunglobulinen) für das Baby Jens.

Jens´ Zeitmoped
Intensives Zeitreisevergnügen mit unglaublicher Fahrdynamik!

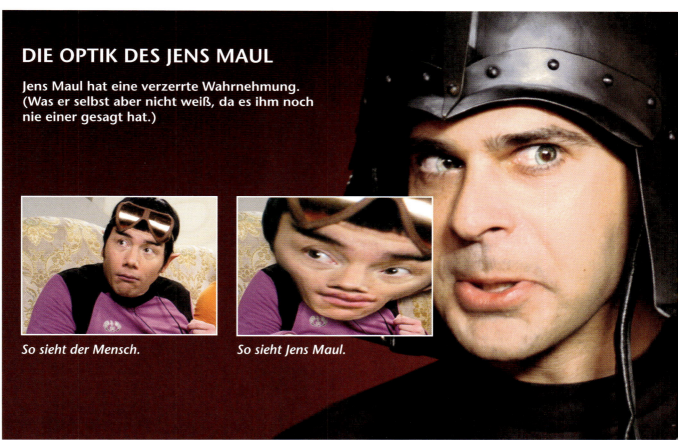

DIE OPTIK DES JENS MAUL

Jens Maul hat eine verzerrte Wahrnehmung. (Was er selbst aber nicht weiß, da es ihm noch nie einer gesagt hat.)

So sieht der Mensch. *So sieht Jens Maul.*

Regulators Helfer

Ein Buch sagt manchmal mehr als 1000 Worte!

Jens ist schlau, gnadenlos, unbeirrbar, emotionslos. Sein einziger Schwachpunkt sind seine asthmatischen Beschwerden, die ihn plagen, sobald er nur in die Nähe der Erde kommt. Dies hängt mit den Staubpartikeln zusammen, die sich in der Atmosphäre der Erde befinden. Die Atembeschwerden muss er mit einem Asthmaspray behandeln. Mit dieser chronischen Schwäche seiner Atmungsorgane kann er aber ganz gut leben. Die Kosten für das Spray werden von der MEK (Marsianer Ersatzkasse) übernommen.

Jens ist in der Lage, schnell und taktisch zu handeln. Wenn es sein muss, konstruiert er in kürzester Zeit sein Moped zu einer Zeitmaschine um. Eine vergleichsweise lasche Herausforderung für ihn: Hierfür genügt ihm schon eine sichergestellte Gebrauchsanleitung einer beliebigen Zeitmaschine.

Making of Regulator

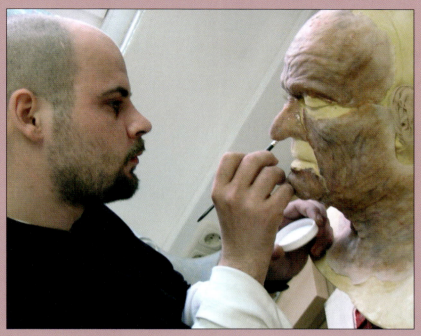

Auf den Gipsabdruck des Regulator-Darstellers Hans-Michael Rehberg wird von Maskenbildner Georg Korpás mit Plastiline die spätere Maske modelliert.

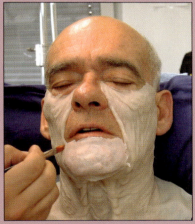

Die fertige Maske wird mit 2-Komponenten-Silikonkleber aufs Gesicht geklebt.

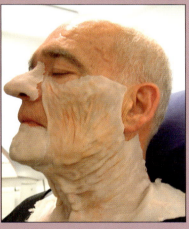

Die Nase wird ebenfalls manipuliert.

Die kalte, erschreckende Mine des Regulators ist fertig.

Wie kam der Mensch auf den Mars?

Das entscheidende Ereignis geschah am 22. Juli des Jahres 2004. Über einem geheimen Testgelände in der Wüste von Nevada stürzte ein unbekanntes Flugobjekt ab. Den Wissenschaftlern auf dem Gelände der Area 51 gelang es, das UFO sicherzustellen und dadurch an eine revolutionäre Technologie zu gelangen.

Diese Technologie erleichterte es den Menschen enorm, eine bemannte Mission zum Mars zu unternehmen. Das Alien führte eine Flüssigkeit mit sich, die sehr stark dem uns bekannten Bier ähnelte. Man fand heraus, dass der Mensch, wenn er diese Flüssigkeit trank, auf dem Mars völlig ohne Atemgeräte oder Schutzanzug existieren konnte.

Ein großer Traum der Menschheit sollte endlich in Erfüllung gehen: Eine bemannte Mission zum Mars war in greifbare Nähe gerückt. Schnell wurde klar, dass der Rote Planet recht gute Lebensbedingungen für den Menschen zu bieten hatte.

Der Entsendung von Menschen zum Mars stand nichts mehr im Wege.

Analyse
Mars

Zusammensetzung

- Wasser
  (mit Kohlensäure versetzt, natriumarm für Babynahrung geeignet)
- Eisen
- Zink
- Selen
- Chrom
- Kieselerde
- Spurenelemente plus Calcium
- Kohlehydrate, Vitamin A, B12 und E
- ungesättigte Fettsäuren
- Folsäure
- Farbstoff: Beta-Karotin
- Geschmacksverstärker: Natriumglutamat

Anwendungsgebiete auf dem Mars
Was müssen Sie während der Schwangerschaft beachten?
Was müssen Sie in der Stillzeit beachten?
Wann dürfen Sie nicht auf den Mars? mehr dazu erfahren Sie später...

Stand Information 2304

Der Mars ruft

Bei der Durchführung des Projektes „Marsbesiedelung" wollten die Wissenschaftler und Verantwortlichen nichts dem Zufall überlassen. Das einschneidende und in der Geschichte des Universums bisher mit nichts vergleichbare Ereignis wurde wohl überlegt geplant. Die Besiedelung des Mars sollte das größte Spektakel aller Zeiten werden.

Am Anfang aller Überlegungen stellte sich die Frage: Wen sollte man zum Mars entsenden? Man entschied sich, eine gemischte Gruppe von 146 Personen (für den von Time Travel Center Müller gesponserten und zur Verfügung gestellten 146-sitzigen Raumtransporter) auszuwählen. Um eine erfolgreiche Fortpflanzung der Erstbewohner auf dem Roten Planeten zu gewährleisten, sollte der Frauenanteil in dieser Gruppe deutlich überwiegen. Mit der Planung und Durchführung der gesamten Aktion beauftragte man auch eine der erfolgreichsten und bekanntesten PR-Agenturen der Welt: Sörffen/Sauffen/Säx™.

Die Kandidaten für die Mars-Besiedelung sollten so sorgfältig wie nur möglich ausgewählt werden. Unter der Leitung der PR-Agentur startete das größte Casting aller Zeiten. Das Auswahlverfahren wurde weltweit im Fernsehen übertragen und war in allen zur Verfügung stehenden Medien präsent. Das Interesse der Menschheit war riesengroß.

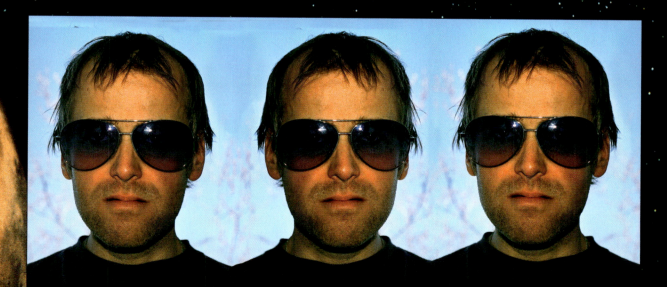

Die Drillingsbrüder Sörffen Krüger, Sauffen Krüger und Säx Krüger.
Die 3 Geschäftsführer der renommierten PR-Agentur Sörffen/Sauffen/Säx™.

Das große Casting

Weltweit meldeten sich etwa 100 Millionen Menschen zu den regionalen Casting-Wettbewerben. Die jeweiligen Juroren der einzelnen Veranstaltungen wählten die jeweils besten Personen aus, die den Anforderungen für den Einsatz auf dem Mars am nächsten kamen. Auf diese Weise sollten im Laufe zweier Jahre aus der riesigen Anzahl von Bewerbern die 146 Marssiedler herausgefiltert werden.

Ziel war, eine optimale Entwicklung der Marsbevölkerung und der Infrastruktur für die Zukunft auf dem Mars zu gewährleisten. Daher wurde eine bestimmte Auswahl der Siedler aus verschiedenen Berufs- und Neigungsgruppen penibel zusammengestellt. Von dieser Zusammenstellung versprach man sich, dass die Gruppe der Siedler sich einerseits gut auf dem Mars zurechtfinden und einrichten konnte. Andererseits spekulierte man auch darauf, dass sich die Gene der einzelnen unterschiedlichen Wesen bei der Paarung optimal auf die daraus entstehenden Nachkommen auswirken würden.

Der Plan war, dass beispielsweise die Kreuzung aus einem Mopedmechaniker und einer Landschaftsgärtnerin einen Rasenmäherspezialisten hervorbringen sollte. Aus der Kreuzung einer Briefzustellerin mit einem Erfinder versprach man sich einen Menschen, der die Briefzustellung erheblich vereinfachen und dadurch beschleunigen sollte. Ferner stellte sich eine Gruppe führender Ontologen der Herausforderung, die Berufe so zu wählen, dass es rein genealogisch unmöglich war, durch irgendwelche Kreuz-und-Quer-Kreuzungen jemals einen Beamten entstehen zu lassen (es war auf der Erde bereits im Jahre 2035 gelungen, den Homo magistratus von der Bildfläche verschwinden zu lassen, worüber einhellig große Zufriedenheit herrschte).

Die große Show

Die weltweite Fernsehübertragung der Castings lief sensationell an. Das Interesse der Menschen war immens und steigerte sich im Laufe der Zeit zu bislang ungekannten Ausmaßen.

Der Jubel bei den Fernsehanstalten auf der ganzen Welt war groß, denn noch nie in der Geschichte des Fernsehens wurden auch nur annähernd ähnliche Einschaltquoten erzielt. Die Mars-Kandidaten mussten sich in den Fernsehsendungen für die Mars-Expedition qualifizieren. Sie mussten spezifische Aufgaben lösen, Proben bestehen und in verschiedensten Tests beweisen, dass sie über die für das Leben auf dem Mars notwendigen Voraussetzungen verfügten.

täglicher Tagestipp

Nur die jeweils Besten und Geeignetsten kamen weiter. Die Marketing-Maschinerie rollte, und je enger der Kreis der Teilnehmer im Laufe der Zeit wurde, desto größer wurde der Starkult um die Kandidaten. Diese Stars wurden regelrecht vergöttert.

Es gab Plastikfiguren von ihnen, Kalender, Toaster, Vorhänge, Lampenschirme, Bücherregale, Zimmerpflanzen, Staubsaugerbeutel usw. – alles im Look des jeweiligen Kandidaten.

Das große Jammern

Das Thema wurde mit absoluter Konsequenz ausgeschlachtet und vermarktet. Aber die Verantwortlichen überspannten wieder einmal den Bogen. Am 17. Mai 2054 starteten die Erstsiedler unter dem Motto „Auf geht´s" zum Mars. Rund um den Globus sollte dieses Ereignis mit „Auf geht´s"-Events gefeiert werden. Doch schon zu diesem Zeitpunkt machte sich eine gewisse Übersättigung der Menschheit mit dem Thema „Mars-Besiedelung" bemerkbar. Die Einschaltquoten und das öffentliche Interesse blieben weit hinter den Erwartungen zurück.

Auch die folgenden Übertragungen vom Mars selbst stellten sich innerhalb kürzester Zeit als Riesen-Flop heraus. Die Quoten brachen bereits zwei Wochen nach erfolgter Marsbesiedlung derart ein, dass die Fernsehbosse und Produzenten das Programm mit sofortiger Wirkung absetzten.

„Auf geht´s" – das einst größte Event aller Zeiten – war praktisch von einem Tag auf den anderen gestorben. Alle Übertragungsleitungen von und zum Mars wurden aus Kostengründen kurzerhand gestrichen. Schnell waren die anfangs noch so groß gefeierten Mars-Siedler, zumindest auf der Erde, in Vergessenheit geraten.

Kein Hahn krähte mehr nach ihnen.

Der erste Mensch auf dem Mars. Kalle Rogul scheitert bei seiner Aktion, die „Auf geht´s-Flagge" in den Marsboden zu stecken. Die Flagge wurde wegen des orkanartigen Windes bereits weggeweht.

Die Neu-Marsianer waren wie vor den Kopf gestoßen und konnten das alles gar nicht glauben. Auf einmal mussten sie sich mit sehr realen Problemen herumschlagen.

Schon die Ankunft auf dem Mars war alles in allem sehr ernüchternd. Außentemperatur –60°C, leichter Niederschlag und eiskalter Ostwind – durch den Windchill betrug die gefühlte Temperatur –185°C. Eben noch die größten Superstars, die die Welt je gesehen hatte, nun auf dem Mars ausgesetzt, verloren und vergessen. Und keine Chance, den Mars jemals wieder zu verlassen.

Der 146-Sitzer war bei der Landung auf dem Mars komplett zerstört worden, die Bremsballone, die den Aufprall abfangen sollten, öffneten sich nicht.

Außerdem gab es sowieso kein Zurück mehr, die Produzenten des Spektakels hatten vorsorglich eine Rückfahrtausschluss-Klausel in das Kleingedruckte der Verträge eingebaut, die von den Mars-Siedlern natürlich unterschrieben wurde – niemand hätte im Traum daran gedacht, dass dieses Projekt einmal ein solch gnadenloses Ende nehmen würde.

Monika Rogul im ekstatischen Freudentaumel. Sie versucht jubelnd, ihren Sohn Kalle Rogul zu erreichen, als sie erfahren hat, dass er im großen Mars-Besiedelungs-Casting gewonnen hat.

Der dumme Gummibaum!

Die Wirkung des Ficus (Gummibaum) auf den Menschen, belegt durch ein Experiment des Instituts Ficus Research and Development.

Das Leben auf dem Mars war einfach nur schrecklich. Zu den für den Menschen viel zu niedrigen Temperaturen und dem ständigen eiskalten Ostwind gesellten sich noch ein akuter Wassermangel und die Tatsache, dass auf dem Mars nur alle zwei Erdenjahre Weihnachten ist. Geburtstag hat man auf dem Mars ebenfalls nur alle 687 Tage (Ein Marsjahr entspricht zwei Erdenjahren, denn der Mars benötigt für eine Umrundung der Sonne gut 2-mal so lange wie die Erde).

Die Vegetation auf dem Roten Planeten entwickelte sich leider auch nicht so wie geplant. Die einzige Pflanze, die mit den Bodenverhältnissen auf dem Mars gut zurechtkam, war der Gummibaum. Es dauerte nicht lange, bis aus allen Winkeln und Ecken auf dem Mars Gummibäume wucherten. Jeder, der schon einmal ein Büro (z. B. im Einwohnermeldeamt) betreten hat, in dem die Gummibäume dominieren, der weiß, wie dieses Gewächs auf das Gemüt und das Wohlbefinden zu drücken im Stande ist.

Bei der Zusammenstellung der Berufe der Marssiedler hatten die verantwortlichen Ontologen übersehen, auch einen Musiker mitzuschicken. Dies hatte verheerende Folgen: Es gab keine Musik auf dem Mars. Die allgemeine Stimmung war geradezu zum Kotzen. Die drei Beschäftigungen der von der Erde vergessenen Menschen auf dem Mars bestanden aus: Frieren, sich fortpflanzen und Gummibäume trimmen – mehr war nicht los.

In den folgenden Jahrzehnten wuchs eine schrullige Rasse von unmusikalischen, lustlosen und frierenden Menschen heran. Irdische Vergnügungen wie Duschen, Tanzen, Schwitzen, Lachen kannte man bald nur noch aus den alten Erzählungen der ersten Siedler. Was jedoch von Generation zu Generation immer weiter überliefert wurde, war das tief im Innersten verankerte Gefühl, von den Erdenmenschen betrogen und beschissen worden zu sein. Ein ungutes Gefühl, das sich über die Generationen immer stärker ausbildete.

Zu dem unguten Gefühl und dem Bedürfnis, es den Erdenbewohnern heimzahlen zu wollen, gesellte sich noch eine weitere Problematik: Auf dem Mars wurde es langsam eng.

Das Unterbewusstsein des Menschen auf dem Mars wird bestimmt vom immer gleichen Traum.

Der dumme Zyklus

Auf dem Mars dauert eine Schwangerschaft nur 4 Monate. Dies hängt mit einer kürzeren Eisprungsphase im Vergleich zur Erde (alle 2 Wochen statt alle 4) zusammen. Hervorgerufen wird dieses Phänomen durch die Tatsache, dass der Mars zwei Monde besitzt (Phobos und Delmos), die sich gegenseitig in ihrer Kräftewirkung auf den Mars überlagern. Der Mars hat also doppelt so viele Mondphasen wie die Erde. Frauen sind daher Hormonschwankungen in doppelter Frequenz ausgesetzt – und damit auf dem Mars im Gegensatz zu den Frauen auf der Erde permanent unausgeglichen und zickig, womit sie selbst sehr unzufrieden sind. Der logische Ausweg aus dieser Misere ist die Schwangerschaft. Es ist also nicht verwunderlich, dass jede Frau auf dem Mars darauf aus ist, möglichst immer schwanger zu sein.

Schon in den ersten 150 Jahren nach der Marsbesiedelung wurde die magische Grenze von 1 Milliarde Marsbewohnern geknackt. Dies ist für die besiedelbare Fläche des Mars das absolute Limit. Denn die Oberfläche des Roten Planeten beträgt nur etwa ein Viertel der Erdoberfläche.

DAS PAARUNGSVERHALTEN DER ERSTEN MARSIANER

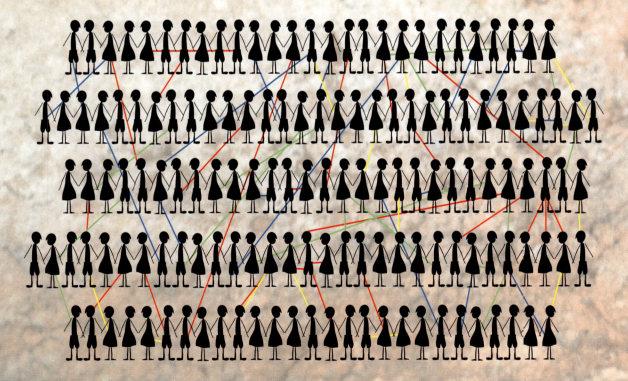

Fortpflanzungstätigkeit

— mehrmals täglich
— stündlich
— mindestens einmal im Monat
— permanent

Große Flächen des Mars sind für den Menschen nicht bewohnbar: Ein Teil der Oberfläche ist aufgrund des hohen Eisenoxidgehaltes total verrostet. Tiefe und unzugängliche Schluchten überziehen den Mars. Den höchsten Berg auf dem Mars, den Olympus Mons (27 km hoch mit einer Ausdehnung der Fläche Frankreichs), hat sich bereits im Jahr 2010 ein österreichischer Skilifthersteller (Doppelmüller) gekauft. Trotz zäher Verhandlungen ist der Olympus Mons auch im Jahr 2054 immer noch im Familienbesitz der Doppelmüllers. Der Zutritt auf den Berg ist für Unbefugte verboten. Zu allem Überfluss toben über fast die gesamte Mars-Oberfläche zuweilen schreckliche Sandstürme, die nur – wenn überhaupt – von echten und widerstandsfähigen Wüstenbewohnern überlebt werden können. Die Entwicklung eines wüstentauglichen Menschen ist aber ins Stocken geraten, da die beiden mitgeführten Kamele (wie hochgezüchtete Rennkamele aus Dubai eben so sind) mitsamt den beiden Beduinen gleich nach der Ankunft ausbüxten und sich ins 5 km tiefe Valle Marineris stürzten. Die Obduktion der Kamele ergab, dass sie wegen der tiefen Temperaturen und des schwachen Sonnenlichts schlagartig in eine Winterdepression verfallen waren.

Alles in allem also keine optimalen Lebensumstände.

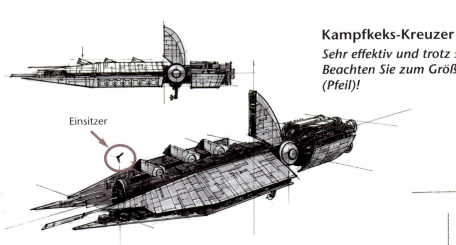

Kampfkeks-Kreuzer
Sehr effektiv und trotz seiner Größe sehr wendig. Beachten Sie zum Größenvergleich den Einsitzer (Pfeil)!

Einsitzer

The Final Earth-Quake

Die allgemeine trostlose Lage bot eine gute Ausgangsposition für den Diktator Rogul. Er nutzte die Unzufriedenheit der Bevölkerung gnadenlos für sich.
Er war der Mann, dem es gelang, die Marsbewohner davon zu überzeugen, dass sie sich nicht widerstandslos mit ihrem Schicksal abfinden mussten.

Seine Vision basierte auf einem knallharten Strategieplan zur Rückeroberung der Erde unter dem Slogan „The Final Earth-Quake".

Mit diesem Programm gelang es ihm schnell, der frustrierten Marsbevölkerung eine neue Perspektive zu geben. Er benötigte nur 2 Marsjahre (4 Erdenjahre), um zusammen mit Jens Maul die Massen restlos hinter sich zu bringen.

Kampfkeks-Einsitzer
Radikal schnell, gut beherrschbar – für den direkten Nahkampf.

Sein Plan sah eine gigantische militärische Aufrüstung vor. Rogul ließ Kampf-Raumschiffe (so genannte Kampfkekse) von nie da gewesener Schlagkraft bauen. Er ließ ein Heer mit Millionen von Soldaten zu Kampfmaschinen ausbilden. Ihr unbrechbarer Einsatzwille sollte nur einem Ziel dienen: die Erde zurückzuerobern.

Mit fürchterlicher Gründlichkeit brachte Regulator Rogul seinen Plan zu Ende. Als die schwer bewaffnete Armada des Regulators den Knebelring um die Erde immer enger spannte, hatten die Menschen auf der Erde zu ihrer Rettung nur noch eine Wahl ...

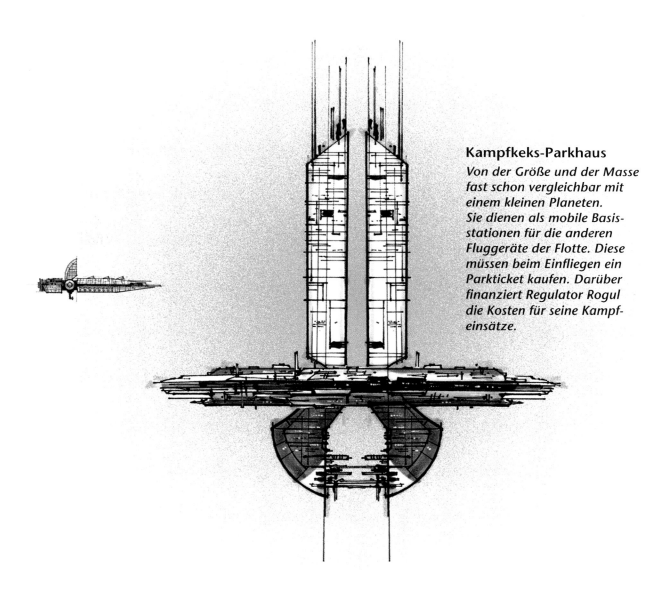

Kampfkeks-Parkhaus
*Von der Größe und der Masse fast schon vergleichbar mit einem kleinen Planeten.
Sie dienen als mobile Basisstationen für die anderen Fluggeräte der Flotte. Diese müssen beim Einfliegen ein Parkticket kaufen. Darüber finanziert Regulator Rogul die Kosten für seine Kampfeinsätze.*

Eine Zeitreise!

Zeitreisen sind zwar verboten, doch in ganz dringenden Fällen können Ausnahmegenehmigungen erteilt werden. Die Rettung der Erde ist ein solcher Fall. Um die Besiedelung des Mars nachträglich zu verhindern, muss unbedingt ein Einsatzkommando in die Vergangenheit geschickt werden. Der Auftrag beinhaltet die Vernichtung eines im Jahr 2004 in der Wüste von Nevada gelandeten UFOs, damit die Menschheit erst gar nicht in den Besitz der revolutionären Technologie kommen kann, die es ihr ermöglicht, auf dem Mars zu

überleben. Doch wen schickt man auf eine solche Reise? Zeitreisen sind wegen ihrer Schäden für die Gesundheit in Verruf geraten. Es gibt keinen Krankenversicherungsschutz auf einer solchen Reise. Es soll Menschen gegeben haben, die sich selbst auf einer Zeitreise begegneten. Als sie sich selbst sahen, fanden sie sich derart scheiße und schämten sich so sehr, dass sie sich für immer verkrochen. Und es sind immer wieder Menschen in die Zukunft gereist, um sich unverschämterweise die Lottozahlen zu holen. Inoffiziellen Berichten zufolge ist auch noch nie jemand von einer Zeitreise zurückgekehrt. Die Technik für einen solchen Trip ist zwar da, doch sie ist noch lange nicht ausgereift und hat gravierende Tücken.

Es ist auch keinesfalls möglich, zum Beispiel Affen auf diese Zeitreise zu schicken. Der Welt-Tierschutzverein würde dieses Vorhaben aus gutem Grund strikt untersagen. Wer also sollte diese Zeitreise antreten?! Es gibt da ein paar Anwärter ...

„Jemand hat uns ein Fax geschickt!"

Weit, weit draußen!

Immer noch unendlich weit weg in den Ausläufern des unendlichen Universums operiert – kaum noch auffindbar vom elektronischen Überwachungsraster – nach wie vor die SURPRISE mit ihrer 40 Mann starken, hoch qualifizierten Besatzung. Die Crew um Käpt´n Kork ist geradezu prädestiniert dafür, diesen, die Welt verändernden Auftrag, befohlen von der höchsten irdischen Instanz, auszuführen.

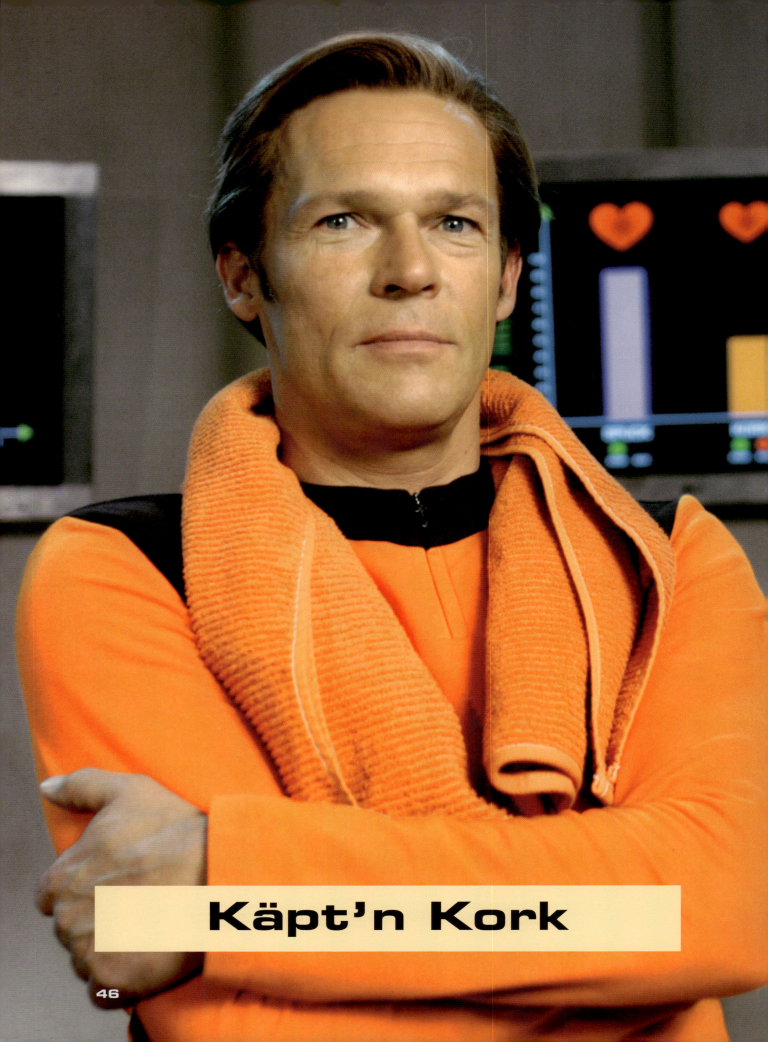

Käpt'n Jürgen Thorsten Kork, 45, hat im Jahr 2289 das Kommando auf der SURPRISE übernommen. Es ist bekannt, dass er sich nach kurzer Einarbeitungszeit als Schiff-Allround-Praktikant mit körperlichem Einsatz recht schnell auf den Posten des Käpt'ns „hochgearbeitet" hat. Kork ist das am längsten auf dem Schiff tätige Crewmitglied. Wie er sagt, hat er im Laufe seiner Karriere alle Abteilungen auf dem Schiff durchgemacht.

Käpt'n Jürgen Thorsten Kork hat die Verantwortung für das Raumschiff, die Nutzlasten und die gesamte Crew. Er muss in jeder erdenklichen unvorhersehbaren Situation in der Lage sein, richtig, überlegt und schnell zu reagieren.

Wie die meisten anderen stolzen Crewmitglieder der SURPRISE hat Kork eine Ausbildung an der INTERNATIONAL ACADEMY OF SPACE absolviert.

Die Suite des Käpt'ns. Mit Komforttelefon, Minibar, Roomservice.

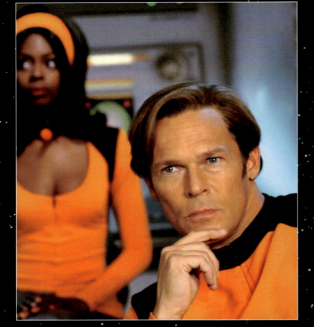

Käpt´n Jürgen Thorsten Kork, 45, Steinbock.

Zu Beginn der bemannten Raumfahrt war es notwendig, Astronauten auszubilden, die extremen physischen Belastungen standhalten konnten. Als Astronauten kamen praktisch nur kampferprobte Jetpiloten in Frage. Nur die Allerbesten der Allerfittesten hatten eine Chance. Ein Doktortitel in Naturwissenschaften, Medizin oder einer Ingenieurswissenschaft war mindeste Voraussetzung.

Im 24. Jahrhundert sind die Anforderungen nicht mehr so streng, der technische Fortschritt hat das Raumfahren viel einfacher und komfortabler gemacht. Ein Beruf in der Weltraumfahrt ist wirklich nichts Besonderes mehr, sondern eher ein ganz normaler Allerweltsjob. Ein Sprichwort aus dem 24. Jahrhundert gibt die Situation recht präzise wieder: „Ist das Abitur versaut, wirst du einfach Astronaut!"

An der INTERNATIONAL ACADEMY OF SPACE* werden folgende Leistungskurse angeboten:
Höherer Offizier mit Aussicht auf Kapitänspatent (Oberbefehl über ein Raumschiff).
Leicht gehobener wissenschaftlicher Dienst mit der Möglichkeit der vertiefenden Erforschung des Weltalls.
Techniker in verschiedenen Kategorien (gehobener Dienst: Flugtechniker, niederer Dienst: Bodenpersonal).
An der IAOS werden die begabten Astronautenschüler in der Regel sofort von den Headhuntern der privaten Raumfahrtindustrie abgeworben, die ihre Raumschiffe mit diesen Leuten besetzen.
Das Mittelmaß hat Chancen auf eine Anstellung für einfachere Tätigkeiten auf den Schiffen oder als Bodenpersonal.

Und dann gibt es an der IAOS noch eine gewisse Anzahl hoffnungslos unbegabter Schüler, die von Tuten und Blasen überhaupt keine Ahnung haben, aber trotzdem alle Prüfungen bestehen und Abschlusszeugnisse erhalten. Dieses Phänomen hat

*INTERNATIONAL ACADEMY OF SPACE

Eine Astronauten-Schule. Im Vergleich zum 20. Jahrhundert werden in den darauf folgenden Jahrhunderten erheblich mehr Menschen zu Astronauten ausgebildet, da es mehr ständig operierende Raumschiffe gibt und ein viel höherer Bedarf an Raumfahrtpersonal besteht.

einen simplen Hintergrund, der allerdings von der Schulleitung strikt geleugnet wird: Die Schüler mit aussichtsloser Malbegabung schleust man bewusst durch die Schule, um sie später in maroden, ausrangierten Raumschiffen mit Pseudoauftrag einzusetzen. Die Bodenstationen hoffen, die fast nicht mehr funktionstüchtigen Raumschiffe bei diesen Einsätzen irgendwo im Universum zu verlieren. Dies ist erheblich kostengünstiger, als die Schiffe auf der Erde abzuwracken, denn Raumschiffe gelten als Sondermüll, und die Entsorgung ist mit immensem technischen und finanziellen Aufwand verbunden.

Wenn man das Alter und den Zustand der SURPRISE betrachtet, dann fällt es nicht schwer festzustellen, zu welcher Gruppe von Schülern die Crew um Käpt'n Kork einst gehörte.

Mr. Spuck

Spuckys Zimmer. Individuelle Extras: ausziehbares Bügelbrett, Dampfbügeleisen, Topfpflanze.

Mr. Brigitte Spuck ist Weltraumoffizier, die rechte Hand Käpt'n Korks. Zuständigkeitsbereich: Entdeckung neuer Welten.

Arbeitsplatz: Brücke. Spuck muss seinen Aufgabenbereich und die Durchführung aller Vorgänge an Bord bis in die letzte Einzelheit kennen und beherrschen. Auf Mr. Spuck lastet ein mittelschwerwiegender Vorwurf. Immer wieder wird ihm von verschiedenen Seiten vorgehalten, dass er noch keine neu entdeckte Welt vorweisen kann.

Dabei ist dieser Vorwurf ungerechtfertigt: Spuck hat sehr wohl einmal eine neue Welt entdeckt – sie war pink-camouflage. Der Käpt'n war an diesem Tag auf einem wichtigen Minigolfturnier. Spuck war, als er die Entdeckung machte, allein auf der Brücke. Da die Entdeckung der neuen Welt unheimlich plötzlich stattfand, war es für Spuck so aufregend, dass er beim Aufspringen aus seinem Sessel versehentlich das Kabel des Computers aus der Steckdose zog. Spuck hatte leider vergessen, die neue Welt auf dem Computer abzuspeichern. Sie war für immer verschwunden.

Ein Modell der neuen Welt, die Spuck einmal allein entdeckt hat. Ein Schiffspraktikant hat es nach Spucks Vorgaben angefertigt.

Die Vulcanette vulgaris

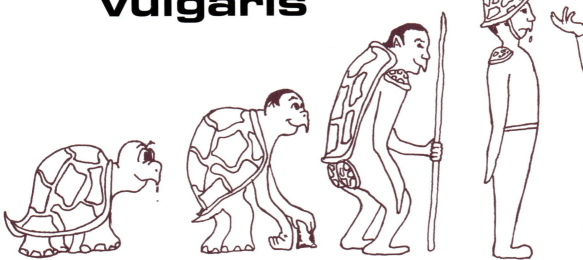

Die Evolution der Vulcanette

Spuck ist eine Vulcanette. Die Vulcanetten gehören zur Gattung der Galapagosschildkröten. Die Entstehung der Vulcanette aus der Schildkröte ist wissenschaftlich noch nicht vollständig geklärt. Anthropologen und Zoologen geben jedoch eine aufschlussreiche Erklärung. Sie gehen davon aus, dass es durch den Einschlag eines Meteoriten vor ca. 800.000 Jahren auf den Galapagosinseln zu einer Genfusion zwischen einem Homo erectus und dem Ei einer Galapagosschildkröte kam.

Das Exemplar des Homo erectus wird vermutlich diesen Vorgang nicht überlebt haben. Wohl aber das Schildkrötenei, aus dem einige Zeit später ein putziges neues Wesen schlüpfte.

Der Gemütszustand einer Vulcanette äußert sich nicht nur über die Mimik, sondern auch über die Haltung ihrer Ohren.

Stehen die Ohren stramm und steif nach oben, ist die Vulcanette im weitesten Sinne spitz, sie befindet sich im seelischen Gleichgewicht.

Trauer, Frust, Stress werden durch herabhängende Ohrspitzen signalisiert.

Vulcanetten werden noch heute bis zu 400 Jahre alt. Dadurch haben sie etliche Vorteile: Die monatlichen Beiträge für eine Lebensversicherung mit Fälligkeit am 370sten Geburtstag sind relativ niedrig. Die Schulausbildung ist absolut stressfrei. Schließlich ist es völlig egal, ob eine Vulcanette ihr Abitur im Alter von 19, 119 oder 219 Jahren macht, sie hat in jedem Fall genug Zeit für ein ausführliches Studium oder eine lange Berufslaufbahn. Allerdings wird es ab dem 90. Lebensjahr immer schwieriger, mit Gleichaltrigen zu spielen.

Vulcanetten sind leider – wie ihre Vorfahren, die Galapagosschildkröten – vom Aussterben bedroht. Grund dafür sind verwilderte Hausschweine in ihrem natürlichen Lebensraum, den Galapagosinseln. Die verwilderten Schweine sind ökologisch und olfaktorisch gesehen eine Katastrophe für das Schutzgebiet der Inseln.

Vulcanetten wachsen gewöhnlich im Sandboden der Galapagosinseln auf. Die Schweine fressen mit Vorliebe die Vulcanetteneier, die sie im Sand aufspüren.

Im Jahre 2113 wurde auf Santiago beobachtet, dass ein einziges Schweinepärchen innerhalb eines Tages 780 frische Vulcanetteneier verspeiste.

Auch der Versuch, auf den Inseln Schweinebraten zur Nahrungsgrundlage der Vulcanetten zu machen, scheiterte: Schweinebraten hing den Vulcanetten innerhalb kurzer Zeit zum Halse raus.

Gemeine Hausschweine – die schlimmsten Feinde der Vulcanetteneier auf den Galapagosinseln.

Schrotty

Und auch heute nicht vergessen:

- *Ölstand*
- *Scheibenwaschwasser*
- *Kühlwasser und Stoßdämpfer checken*
- *Schlösser enteisen*
- *Batteriestand und Luftdruck prüfen*
- *Kaffeemaschine entkalken*
- *Batterien der elektrischen Käpt'ns-Zahnbürste wechseln*
- *Lackstellen ausbessern (Lackstift)*
- *Scheibenwischer täglich wechseln*
- *Klospülung testen*
- *Epiliergerät warten und Warmwasser auf der richtigen Temperatur halten*

Schrotty ist noch jung und unverbraucht. Seine Lieblingsbeschäftigung ist das Schweben, denn dabei fühlt er sich wie Hermes, der Götterbote. Im Schweberaum ist er der Einzige, der richtig Spaß hat. Schrottys Aufgaben auf dem Schiff: Bedienung der technischen Geräte: Beambereich, elektrische Versorgung des Schiffs, Heizung, Stereoanlage, Fax, Kaffeemaschine, elektrische Zahnbürsten, Lockenstab etc.

Eine Leselampe ist ihm jedoch besonders ans Herz gewachsen. Seine Leselampe Jutta! Die Lampe hat ihm bereits einmal das Leben gerettet: Schrotty war damit beschäftigt, einen Lackkratzer, der beim Einparken an der Außenhülle des Raumschiffs entstanden war, mit dem Lackstift auszubessern. Um die Farbechtheit (Lichttest) zu überprüfen, benutzte er seine Leselampe Jutta. Dies war notwendig, da im All andere Lichtverhältnisse als auf der Erde herrschen. Schrotty rutschte ab und hielt sich nur noch an seiner Leselampe fest, deren Elektrokabel im Raumschiff in der Steckdose steckte und so fest mit dem Raumschiff verbunden war. So hing er einen Tag und eine Nacht draußen an der SURPRISE. Schrotty versuchte bis zur Erschöpfung, durch lautes Rufen auf sich aufmerksam zu machen – bei ca. 100.000facher Schallgeschwindigkeit natürlich ohne Erfolg. Dann kam ihm die Idee, mit der Leselampe SOS zu funken, woraufhin er bald von einer Raum-Patrouille entdeckt und gerettet wurde.

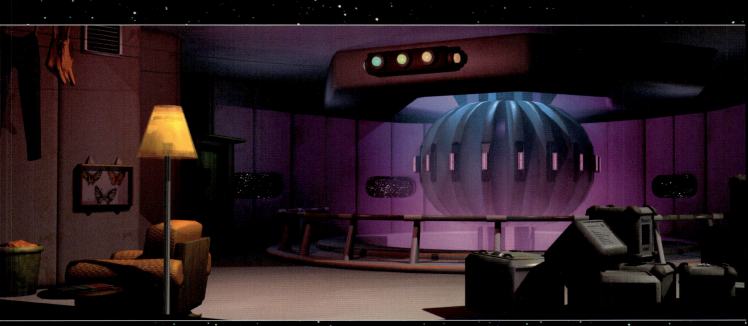

Im Maschinenraum verbringt Schrotty die meiste Zeit seines Tages. Hier warten technische Aufgaben und seine Leselampe Jutta auf ihn.

Peter Pulles Privatgemach

Schiffsarzt Dr. Peter Pulle, 54, ist für die Prävention, Erkennung und Behandlung von Krankheiten auf der SURPRISE zuständig. Käpt'n Kork hat ihn im Jahr 2294 von einer Gemeinschaftspraxis abwerben lassen. In der Praxisgemeinschaft Süssmut/Pulle/Hundt und Kollegen – Praxis für Innere Medizin, Kardiologie, Nuklearmedizin, Angiologie und Flugmedizin – war Pulle im Bereich der Ermittlung der Tauglichkeitsgrade I – III von jungen Space-Pilot-Anwärtern zuständig.

Pulle hatte sich auf das verlockende Angebot des Headhunters eingelassen. Er war fasziniert von der Aussicht, seine medizinischen Kenntnisse in neu entdeckten Welten, an neu entdecktem Leben anwenden zu können. Dementsprechend genervt ist er von der Tatsache, dass bislang in seiner Sprechstundenzeit auf dem Schiff überhaupt noch nichts entdeckt wurde. Den Frust bekommen seine Patienten täglich zu spüren.

Der Herr über die Schwebeteilchen

Zahlungsmittel für den weltallweiten, bargeldlosen Einkauf

Making of Dr. Pulle

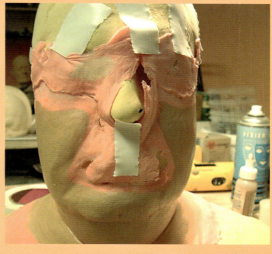

Auf Rick Kavanians Gipskopf wird zuerst die Maske für den Formbau präpariert. Die Form wird später mit Schaum ausgespritzt.

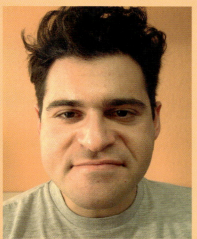

Herr Kavanian sieht noch einmal gut gelaunt in den Spiegel, bevor die 4 Stunden dauernde Prozedur des Auftragens der Maske beginnt.

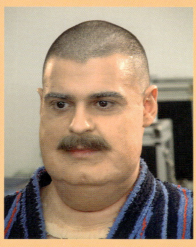

Die wahrscheinlich gründlichste Rasur der Welt.

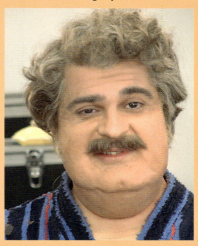

Die Frisur hält, der Schnauzer auch – beides mit Liebe handgeknüpft!

Mit blauen Kontaktlinsen und der Kassenbrille ist der Doktor perfekt ausgestattet für einen brummigen und schlecht gelaunten Tag auf der Surprise.

Space-Taxi-Fahrer Rock Fertig-Aus. Er war ursprünglich nicht dafür vorgesehen, an der Zeitreise teilzunehmen. Für ihn fing alles mit einer harmlosen Taxifahrt an. Einfacher Personentransport von der SURPRISE zum Regierungssitz der Weltregierung – eigentlich ein ganz normaler Auftrag.

Doch wie es so ist: immer dann, wenn man es am wenigsten erwartet oder überhaupt nicht gebrauchen kann, passiert es! SIE kommt herein. Mit geschmeidigem, aufrechtem Gang. Stolz und doch von unglaublicher Sinnlichkeit. Unerreichbar und doch so nah! Der Blick ihrer katzengleich aufmerksamen Augen streift nur leicht die eigenen. Er durchdringt deine Pupillen, mitten hinein in deinen links in der Brust schlagenden Lebensmuskel, um sich von dort wärmend weich und doch wild in die weiter tiefer gelegenen Bereiche auszubreiten, dein wichtigstes Terrain zu benebeln, dann zu besetzen. Keine Möglichkeit mehr, einen rationalen Gedanken zu fassen. Die eigenen, sonst so verlässlichen, handlungsspezifischen Nervenrezeptoren durchgebrannt, außer Funktion. Keine Möglichkeit mehr, festzustellen, wer du bist, wo du bist, warum du bist, geschweige denn was du bist. Im Bruchteil einer Nanosekunde hast du alles verloren: die Kontrolle, den Verstand – DEIN HERZ!

Unglaubliche Spannkraft

Was jetzt in einem Mann abläuft ist ein hemmungsloser Film voll unbeschreiblicher Lust, Sünde, Gier, Obsession, voller Laster und KFZ. Es sind immer die gleichen Bilder: Die Frau deiner Träume widmet sich hingebungsvoll und leidenschaftlich deinem schmutzigen Allerheiligsten. Ihre Haare, ihre Haut, ihr Mund – feucht und soo voller Schaum - langanhaltende Atemfrische, 3fach Schutz!

Zöge sich dieser Augenblick doch ins Unendliche! Aber der Schmerz sitzt schon tief in deiner Brust. Du kannst den Moment nicht halten – er rinnt dir durch die Finger: Aus der Traum, Schluss. Fertig. Aus.

Als Rock sieht, dass sich Königin Metapha auf das Zeitsofa setzt, gibt es für ihn nur eine Entscheidung: Er muss mit, um SIE nicht zu verlieren.

Die letzten Cowboys

Space-Taxifahrer ist im 24. Jahrhundert einer der letzten Berufe mit Geruch nach Abenteuer und Freiheit. Weltraumtaxis existieren hauptsächlich für Personentransporte von Menschen, die kein eigenes Raumschiff besitzen. Oder für schnelle Fahrten im Kurzstreckenbereich (ungefähr 100.000.000 bis 1.000.000.000 km).

Space-Taxi-Fahrer sind selbstständige Unternehmer. Sie tragen eine sehr hohe Verantwortung für ihre Passagiere. Fahrerisch und fliegerisch gehören sie zur Elite im Universum. Aufgrund der aktuellen Situation haben jedoch viele diesen Beruf an den Nagel gehängt. Denn wegen der Bedrohung durch die Marsianer ist das Risiko unkalkulierbar geworden. Nur noch eine Schar unerschrockener, abgebrühter Superprofis oder Typen wie Rock – die nichts mehr zu verlieren haben – erledigen die anfallenden Aufträge. Dadurch ist die Bezahlung nicht schlecht. Es reicht, um damit ganz ordentlich über die Runden zu kommen, und 2 Wochen Cluburlaub pro Jahr sind auch noch drin.

Rock hatte also die große Ehre, Kork, Spuck und Schrotty mit seinem Space-Taxi zur Erde transportieren zu dürfen, wo der wichtigste Auftrag der Geschichte der Menschheit wartete.

Her mit der Zeitmaschine!

Die Reise in die Vergangenheit musste umgehend beginnen! Käpt´n Kork konnte davon überzeugt werden, dass es ohne diese Zeitreise in Zukunft keine Wahl zur Miss Waikiki mehr geben würde.

Die Marstruppen haben die Regierungskuppel der Erde eingenommen!

Die Tücken der Technik

Die verwendete Zeitmaschine ist vom Typ Time-Sofa AB-1101, Kochelverzeichnis* KV13. Nutzlast: max. 4 Personen oder 320 kg.

Es handelt sich hierbei um einen bislang nicht ausreichend getesteten Prototypen im Endstadium seiner Entwicklung. Ein Überbleibsel der vorangegangenen Weltregierung. Ein damaliger Senator des 2. Kontinents hatte ein Faible für Zeitmaschinen und ließ das Gerät günstig von einem als Spende getarnten Etat mehr oder weniger heimlich und unbemerkt auf eigene Faust bauen. Denn Zeitreisen sind im 24. Jahrhundert an sich verboten. Die Gesetzeslage ist allerdings nicht ganz eindeutig, es gibt Grauzonen: Der Besitz kleinerer Mengen von Zeitmaschinen ist generell erlaubt, die Benutzung jedoch strengstens untersagt. Der Handel mit Zeitmaschinen wird extrem hart bestraft.

> **Was ist das *Kochelverzeichnis?**
> Das Kochelverzeichnis wurde von Peter van Kochel (geb: 2219, gest: 2303) erstellt. Er sammelte alle Fakten über Zeitmaschinen und nummerierte alle Modelle in chronologischer Reihenfolge. Peter van Kochel bürdete sich diese Fleißarbeit auf, um nach seiner nervenaufreibenden Scheidung auf andere Gedanken zu kommen. Das Kochelverzeichnis enthält Beschreibungen von insgesamt 13 Zeitmaschinen-Modellen und wurde zum Fachbuch-Bestseller. Die Time-Sofa AB-1101, KV 13 ist nicht das neueste Modell.

Die Eingabe-Armatur zur Bestimmung von Zielzeit und -ort (für Linkshänder nicht geeignet).

Technische Daten der Zeitmaschine:	
Maximale Leistung:	60 Watt
	Schwupp-Generator zur Erzeugung des Schwupps, integriert in die Schwupp-Rüttelbox
Gestell:	Easton Ultralite Scandium Rohre
Füße:	Eiche rustikal, teilmassiv
Oberflächenbespannung:	Drillich, fest, strapazierfähig, Baumwolle/Halbleinen/Acryl
Federkern:	Titaniumfedern mit progressiver Federkennung, Zugstufe und Druckstufe einstellbar.

Im unteren Bereich gut zu sehen: Die Kühlrippen – korrekte wissenschaftliche Bezeichnung: Fransen.

Diese Ansicht zeigt sehr gut die nicht sichtbaren Titaniumfedern.

Mittelalter

Durch einen Teilabsturz des Schwupp-Generators im Zeitsofa, verursacht durch eine zu hastige Zeiteingabe, wird das Sofa ins düstere Mittelalter katapultiert.

Um nicht der Ketzerei verdächtigt und auf dem Scheiterhaufen verbrannt zu werden, muss Rock in einem Lanzenturnier (Tjost) seinen Mann stehen.

Herzog William der Letzte

Sein süßes Leben im Mittelalter

Lange Tafel, gute Musik, Candlelight. Herzog William der Letzte lässt sich nicht lumpen, wenn es darum geht, das Herz einer Frau im Sturm zu erobern. Er ist schwer beeindruckt von der Schönheit Königin Metaphas. Alles auf Kosten der Herzogin. Sie muss heute aus einem wirklich banalen Grund draußen im Hof hängen (Petting mit dem Hofnarren).

Herzog William der Letzte

* Der mittägliche Mittagsschlag
Eine Entspannungs-Zeremonie, bei der ein gestresster König oder Herzog eine Person gemütlich zum Ritter schlägt. Als mit der Erfindung des Schwarzpulvers die Ära der Ritter zu Ende ging, wurde aus dem Mitttagsschlag der Mittagsschlaf.

Jeden Samstagnachmittag nach dem **Mittagsschlag*** findet ein Lanzenturnier statt. Es ist der sportliche Höhepunkt der Woche. Fans und Anhänger kommen von weit her, um dem Spektakel beiwohnen zu können. Für diese populären Veranstaltungen wurden zuschauerfreundliche Stadien errichtet. Eine Lanzenturnier-Arena der obersten Liga fasst ca. 2000 – 2500 Zuschauer.

Turnierritter sind die Helden des Mittelalters. Es gibt die Profis, die Amateure und Hobby-Turnier-Ritter. Profi-Ritter können recht gut von den Wettkämpfen leben. Sie haben in der Regel einen Promoter, der für sie die Antrittsgelder aushandelt. Außerdem winken bei Siegen ordentliche Siegprämien. Profis kämpfen für angesehene Herzogtümer unter deren Wappen sie antreten. Profis werden von ihren Sponsoren mit dem besten und neuesten Material ausgerüstet. Die reichsten Herzogtümer können sich natürlich die erfolgreichsten und teuersten Ritter leisten und ziehen somit auch die meisten Fanclubs und Zuschauer an.

Der Amateur-Ritter hat neben seinem Sport einen festen Beruf, mit dem er sein Geld verdient, z.B. Leibeigener, Steinmetz, Scheiterhaufenanzünder oder Minnesänger. Er muss sich sein Material selbst kaufen und zusammenstellen. Sein Trainingsaufwand ist deutlich geringer als der des Profi-Ritters. Beim Hobby-Ritter steht der Spaßfaktor im Vordergrund. Er besitzt nur Material, das nicht wettbewerbsfähig ist und meist aus Billig-Produktionsländern importiert wird. Meist handelt es sich um raue Gesellen mit einer guten Portion Humor. Sie haben einfach ihre helle Freude daran, geschlagen, geviertelt oder geköpft zu werden.

Neben dem Spaß gibt es aber auch noch eine weitere, nicht unwichtige Motivation für einen Hobby-Ritter. Gewinnt wider Erwarten einer aus der Hobbyfraktion gegen einen favorisierten Profi-Ritter, winken ihm neben der Gunst des Publikums wertvolle Sponsorenverträge, eine Kaffee-Kreuzfahrt in die Scottish Highlands oder der Aufstieg in den Profistand – je nach Wettkampf.

Hofnarr im Kerker

Der Schwarze Ritter

Im Turnier, bei dem Rock um die Freiheit der Crew kämpfen muss, taucht zum ersten Mal in der Geschichte ein geheimnisvoller Schwarzer Ritter auf. Seitdem ranken sich Mythen und Märchen um diese Figur.

Immer wieder erscheint der Schwarze Ritter ohne Vorankündigung auf den hoch dotierten Turnieren. Noch nie wurde er besiegt. Er trägt keine Logos, keine Sponsorenaufkleber und auch keinen Namen auf seiner Rüstung. Niemand weiß, wer er ist und woher er kommt. Er erscheint, siegt und verschwindet. Seine äußere Erscheinung ist extravagant und Angst einflößend. Ab und zu verschwinden nach einem Turnier junge Frauen (stets blond, sinnlicher Mund, grünäugig, 1,80 m groß) mit ihm. Doch auch von diesen Frauen gibt es keine näheren Informationen über seine Identität. Wenn sie nach 1–2 Wochen nackt und selig wieder auftauchen, wissen sie nicht mehr, was mit ihnen geschah. Der Schwarze Ritter ist vermutlich auch der Auslöser dafür, dass sich Frauen auch Hunderte von Jahren später noch die Haare blondieren.

Natürlich hat Rock keine Chance gegen den Schwarzen Ritter. Rock, Spuck und Kork landen als Hexen zur Verbrennung auf dem Scheiterhaufen. Nur die kluge Königin Metapha vermag die Helden kurz vor dem sicheren Tod zu retten. Doch leider gibt sie bei der Eingabe der Koordinaten und Daten den Code viel zu schnell ein: Systemerror im Schwupp-Generator ...

KREUZZÜGE

Ein wichtiges Verkehrsmittel des Mittelalters war der Kreuzzug. Diese Züge gingen in viele verschiedene Richtungen zu verschiedenen Zeiten zu verschiedenen Zielen. Sie boten den Reisenden (Kreuzfahrern) die Möglichkeit, sicher und schnell in weiter weg gelegene Regionen zu gelangen.

Kreuzzüge starteten meistens in einer größeren Stadt. Auf ihrem Weg zum Ziel passierten sie viele Stationen, an denen es die Möglichkeit gab, zu- oder abzusteigen. In den ersten zwei Dritteln des Zuges wurden die einfachen Menschen aufgenommen, im hinteren Drittel die Besseren. Für das leibliche Wohl war in einem Kreuzzug bestens gesorgt. In der Mitte des Zuges, zwischen den einfachen und den besseren Menschen, wurde in der Regel ein großer Topf Suppe mitgeführt. Ein Kreuzzug war aber auch eine große Gefahrenquelle: Zahlreiche Menschen verloren deshalb ihr Leben. Es lag an der hohen Geschwindigkeit, mit der Kreuzzüge durch die Landschaft brausten. Völlig unberechenbar und dadurch oft tödlich für Passanten, die den Weg des Zuges überqueren wollten. Besserung trat erst ein, als Herzog William der Letzte auf Geheiß unseres tapferen Rock Kreuze der Jungfrau Andrea aufstellen ließ. Jungfrau Andrea hatte sich die Namensrechte an ihren Kreuzen auf ewig schützen lassen. Andreas Kreuze wurden zu einem feststehenden Begriff. Auch heute noch stehen an jedem Bahnübergang Andreaskreuze.

Ein sehr gut erhaltenes Exemplar eines Andreaskreuzes, das Geologen bei Ausgrabungen in Deisenhofen, südlich von München, fanden.

Making of Mittelalter

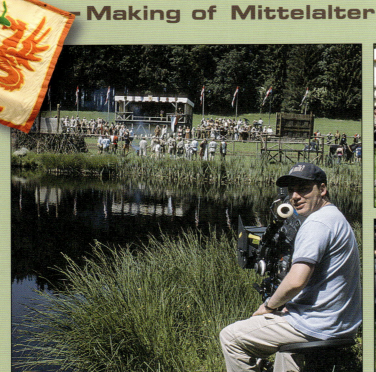

Während die Ritter die Pferde warmreiten, beobachtet der Regisseur die lauten Kröten im Teich. Danach spielt er, um das Turnier-Publikum zu animieren, ekstatisch Luftgitarre.

Der Regisseur weist die Hauptdarstellerin, Anja Kling, in die Feinheiten der mittelalterlichen Kampftechniken ein.

Vorbereitungen für die Ankunft im Mittelalter.

Einrichtungen der niedrigsten Zivilisationsstufen erscheinen einem bei dringlichstem Bedürfnis perfekt in ihrer Einfachheit – genial! **Was für ein Topf!**

Nevada!

Die Crew kommt tatsächlich in Nevada an. Kork und Spuck merken aber nicht, dass es schon wieder nicht das Jahr 2004 ist, in dem sie gelandet sind. Für jemanden, der ständig mit der Suche nach neuen Welten beschäftigt ist und momentan nichts sehnlicher zu suchen im Begriff ist als ein stilles Örtchen, sieht die Vergangenheit eben überall und zu jeder Zeit ziemlich gleich aus.

Ob Renaissance oder kurz nach der Jahrtausendwende – egal, welche Zeit, die Welt von damals ist eh nur ein altmodisches Entwicklungsland: Cäsar, Sokrates, David Beckham, Einstein, Billy the Kid, König Ludwig – alles wahnsinnig unmodern und längst vorbei. Doch selbst die primitivsten

Gefahr!

Metapha, Rock, Kork und Spuck hat es nach Groom Lake City verschlagen. Es ist der 22. Juli 1878. Die kleine Western-Stadt hat jeden Tag (außer an Sonn- und Feiertagen) um 12 Uhr mittags ein großes Problem.

Eine Bande gefährlicher Schurken kommt mit dem 12-Uhr-Zug regelmäßig zum Duell mit dem Sheriff. Der Friedhof, auf dem die Sheriffs ruhen, die in den Duellen zu langsam zogen, wurde mittlerweile schon 8-mal erweitert und erstreckt sich inzwischen über 10 Hektar Fläche.

Der Grund, warum die Bande den Ort so regelmäßig heimsucht, ist folgender: Santa Maria, der Anführer der Bande, hat vor 6 Jahren versehentlich für sich und seine Männer eine 10-Jahres-Bahnfahrkarte für kinderreiche Familien gekauft. Eigentlich wollte er nur eine einfache Hin- und Rückfahrkarte lösen. Santa bemerkte seinen

Irrtum, doch im gleichen Moment wurde der Fahrkartenverkäufer von einem betrunkenen Reisenden erschossen. Es gab nun leider keine Möglichkeit mehr, die Fahrkarte wieder umzutauschen.

Seitdem fährt Santa Maria mit seinen Männern täglich (außer an Sonn- und Feiertagen, da müsste er einen Aufschlag zahlen) die Strecke, um die Familien-Fahrkarte auch auszunutzen. Denn als Geschäftsmann ist ihm sehr wohl bewusst: Je öfter die Truppe den Zug mit der Dauerfahrkarte benutzt, desto billiger wird umgerechnet jede einzelne Fahrt. Eine ganz einfache Kosten/Nutzen-Rechnung.

Während Santa Maria in der Stadt seinen Geschäften nachgeht, dürfen seine Jungs draußen immer etwas toben.

Santa Maria verkauft auf seinen Powersell-Veranstaltungen stets Nützliches und Preiswertes. Sein Angebot ist bunt und erstreckt sich von schicken Telefon-Samtüberzügen über Fußabstreifer mit der Aufschrift „Eintritt frei" bis hin zu gefälschten Rheumadecken mit dem Label „Schnuffi Puffi – handmade in the USA".

Making of Nevada

Der Regisseur unterhält sich mit Sky du Mont darüber, wie schwierig es ist, einer Horde spanischer Omas das Wort „Schnuffi-Puffi" beizubringen.

Dem von der Abschieds-Szene emotional sichtlich mitgenommenen Spucky müssen die Ohren gerichtet werden.

Diesen gefährlichen Stunt spielen Bully und Christian Tramitz selbst! Erst bei der nächsten Szene, wenn der Fenstervorsprung herunterbricht, lassen sie sich doubeln.

Der Schweizer Taschenlaser!

Aber nicht nur die Anwesenheit von Santas Schurken sorgt dafür, dass sich in diesem Moment an diesem Mittag die Ereignisse dramatisch überschlagen. Jens Maul, die Kampfmaschine, ist mit Hilfe seines Schnupperradars auf dem Zeitmoped ebenfalls eingetroffen. Er ist der Erfüllung seines Auftrags, die Mission der Crew zu verhindern, näher als je zuvor.

Nach seinem fatalen Fehler im Mittelalter, als er nur für einen kleinen Moment nicht aufgepasst hatte, hat er nur noch ein Ziel vor Augen: die Schmach wieder auszumerzen und seinen Auftrag standesgemäß zu erfüllen.

Und seine Chance ist da: Er ergreift den Taschenlaser, den Spuck verloren hat, und macht sich damit aus dem Staub. Ohne den Taschenlaser kann die Crew das UFO nicht mehr zerstören.

Rock-Star!

Bevor Rock endlich zeigen kann, was ein Space-Taxifahrer des 24. Jahrhunderts drauf hat, machen wir an dieser Stelle einen kurzen Abstecher in die Vergangenheit. Im Winter 2299 verbrachte Rock einen zweiwöchigen Weihnachts-Urlaub in Aavasaksa unweit des Polarkreises. Last minute war leider nichts anderes mehr zu bekommen. Anfangs hörte es sich noch ganz gut an: Outdoorkleidung wie Overall, Schneeschuhe, Pelzmütze war im Preis inbegriffen. Außerdem versprach der Veranstalter, dass man dort aufgrund der geografischen Lage Silvester 2-mal feiern konnte.

Es war überhaupt nicht der Urlaub, den Rock sich vorgestellt hatte:
Er versuchte sich 12 Tage lang vergeblich irgendwo aufzuwärmen. Dafür hangelte er sich von Eisbar zu Eisbar. Er fand heraus, dass das Einzige, was ihn zumindest von innen kurzzeitig wärmen konnte, ein hochprozentiges klares Getränk war, das er in rauen Mengen konsumierte. Das war der Grund, warum er in der Silvesternacht die zweite Silvesterfeier verpasste. Am nächsten Tag nahm Rock an einer geselligen Fahrt zu einer Rentierfarm teil – man hatte ihm versprochen, dass er dort ein heißes Getränk bekommen werde. Auf der Rentierfarm erfuhr Rock einiges über das Leben der Ren-

tierfarmer. Das heiße Getränk sollte es geben, nachdem die illustre Reisegruppe um Rock an einem Kurs im Lassowerfen auf Rentiere teilgenommen hatte. Bis endlich alle Teilnehmer mit dem Lasso umgehen konnten, war das Getränk kalt und Rock extrem angepisst – er brach den Urlaub sofort ab und nahm das nächste Flugzeug zurück. Rocks Urlaub in Finnland sollte tatsächlich die Welt verändern. Denn nur aufgrund seiner in Aavasaksa erlernten Lasso-Fähigkeiten gelang es Rock, Jens Maul den Taschenlaser abzunehmen. Hier bestätigt sich sehr eindrucksvoll, dass wirklich alle Erlebnisse (auch die, die noch so sinnlos und unangenehm erscheinen) immer einen Sinn fürs Leben haben.

So konnte Rock seine Niederlage aus dem Kampf mit dem Schwarzen Ritter wieder gutmachen und Königin Metapha schwer beeindrucken. Jens Maul ist ausgeschaltet, und die Crew bedient sich seines Zeitmopeds, denn das Zeit-Sofa wurde bei der Landung zerstört. Endlich eine funktionierende Zeitmaschine! Aber die Rettung der Welt ist noch nicht in trockenen Tüchern.

Auf nach 2004!

Area 51 Nevada 2004

Endlich zur rechten Zeit am rechten Fleck! Das Zeitmoped löst sich durch die extrem harte Landung in Luft auf. Doch es hat funktioniert. Jens Maul ist eben ein sehr begabter Tüftler, das Moped kein Vergleich zum bisherigen Reisegerät. Sogar das schlecht funktionierende Zeitsofa läuft wie geschmiert, nachdem es Jens in Groom Lake City notdürftig wieder zusammengeflickt hat.

Und wieder muss sich Rock mit Jens Maul messen. Er ist beflügelt von seiner Liebe zu Metapha und nutzt seine Chance, sie erneut zu beeindrucken. Zu allem entschlossen, möchte er Jens Maul endgültig beseitigen. Gut, dass ihm dabei außerirdische Kräfte zu Hilfe kommen: Das Ufo, das es zu zerstören gilt, ist im Anflug. Es knallt direkt auf den Kopf von Jens Maul. Jens ist erledigt! Ein Wesen aus einer anderen Galaxie klettert aus dem Ufo.

H_2O_2!

H_2O_2 ist die Abkürzung für **H**einz-**H**ans **O**bermeier-**O**lbrecht. Heinz-Hans ist das Wesen aus einer anderen Galaxie, von dem das UFO geflogen wurde. Er ist recht stark alkoholisiert, was wohl der Grund dafür ist, dass er so weit vom Weg abgekommen und dann abgestürzt ist. Die Lebensform (H_2O_2) ist nicht nur betrunken, sondern auch sehr redselig. Das geschätzte Alter des Aliens ist schwer zu sagen, denn H_2O_2 ist in ein Wurmloch geraten, in dem er eine Weile umherirrte und somit irre viel Zeit gespart hat – vermutlich ist das Wesen dadurch mehrere Milliarden Jahre alt. H_2O_2 hatte sich auf dem Nachhauseweg von seiner Arbeitsstelle verfahren. Er hatte seinen Arbeitsplatz etwas frustriert und angetrunken verlassen. Es war sein letzter Arbeitstag. H_2O_2 war Bergarbeiter auf einem Stern, der am nächsten Tag erlöschen sollte (jeder Stern muss irgendwann erlöschen, das ist der natürliche Gang der Dinge). Daher wurde die Firma, bei der H_2O_2 angestellt war, aufgelöst. Die Belegschaft traf sich noch zu einem letzten Umtrunk. Nachdem er mit der Chefsekretärin Brüderschaft getrunken hatte, machte sich H_2O_2 melancholisch beschwipst auf den Heimweg.

Das UFO landete pünktlich, wie es im Geschichtsbuche steht. (Das Schöne an Reisen in die Vergangenheit ist nämlich, dass Züge, Autos, Flugzeuge, Mopeds, Fahrräder und UFOs, auf die man als Zeitreisender in der Vergangenheit wartet, immer genau pünktlich zu den bekannten Zeiten ankommen oder abfahren. Verspätungen sind unmöglich).

Jetzt muss das UFO vernichtet werden. Dies ist der einzige Weg, die Welt vor dem katastrophalen Verlauf der Zeit zu retten.

Area 51 Nevada 2004

Rückblick

Lassen Sie uns noch erzählen, was mit dem Alien (H_2O_2) ursprünglich – ohne die Zeitreise von Käpt´n Kork und seinen Freunden – geschah!

Das Alien wurde mit seinem Flugobjekt von den Sicherheitsleuten der Area 51 aufgegriffen und untersucht. Alles, was das Alien den Wissenschaftlern verriet, nutzten diese sofort, um die Grundsteine für die Marsbesiedelung zu legen.
Nach anfänglichen Verständigungsproblemen stellten die Sicherheitsleute fest, dass das Wesen immer nach ausgiebigem Biergenuss die Sprache des Bier-Herkunftslandes annahm und sprach.

Man gab ihm einige Dosen amerikanisches Bier und schon plapperte das Alien munter auf Englisch, mit amerikanischem Slang, aus dem Nähkästchen. Innerhalb kurzer Zeit hatten die Wissenschaftler und Sicherheitsleute eine Menge zukunftsträchtiges Know-How aus dem Männchen herausgelockt. Das Männchen führte einige Dosen eines Getränkes mit sich. Die Inhaltsstoffe dieses Getränkes ermöglichten es dem Menschen, auf dem Mars zu existieren. Beeindruckt waren CIA, FBI und die Wissenschaftler auch von Heinz-Hans Obermeier-Olbrechts Schilderung eines bizarren erotischen Erlebnisses mit der Sekretärin seines ehemaligen Chefs.

Making of H₂O₂

H₂O₂ kurz vor der Zeugung.

Die aus Ölton modellierte Figur wird noch an den Bauchmuskeln optimiert.

Ein seltenes Nacktfoto von H₂O₂.

H₂O₂ trägt ein modisches Designer-Doppelripp-Hemd mit dazu passender Hose in der Größe XXXXS.

Bully in einem Strampelanzug, mit dem er die Bewegungen des Aliens für den Computer simuliert. (Motion Capturing).

H₂O₂ führt sich am Set auf wie ein Superstar.

Area 51 Nevada 2004

Harte, aber gute Landung in Nevada.

Zurück zum Auftrag unserer Zeitreisenden:

Rock muss nur noch Teil 2 des Auftrages ausführen. Mit dem Schweizer Taschenlaser zerstört er das Ufo. Alle sind froh, endlich von ihrer Mission in eine bessere Welt mit frischer Käsesahne heimkehren zu können.

Doch jetzt zeigt sich, dass Jens Maul das Zeit-Sofa zwar noch reparieren konnte, aber die Batterie macht nicht mehr mit. Für so viele Umwege war es nicht ausgelegt. Auf dem Sofa kann nicht mehr die maximale Personenzahl befördert werden, einer muss dableiben. Spuck!

Aus Versehen vernichtet Spuck den kleinen Fahrzeuglenker, da er sich der Nebenwirkungen von Jens Mauls Asthma-Spray und des hohen Überdrucks der Dose nicht bewusst ist.

Spuck im Jahr 2004

Durch den massiven Eingriff in die Geschichte wurde nun Spucky anstelle des Aliens von den Sicherheitskräften der Area 51 gefangen genommen und verhört. Spucky konnte den Leuten von CIA, FBI etc. tatsächlich glaubhaft machen, dass er aus der Zukunft kommt. Dies hat er einem Fieberthermometer zu verdanken, das er vor dem Käpt´n versteckt und mit auf die Zeitreise genommen hatte. Bei dem Fieberthermometer handelte es sich zweifelsfrei um ein hochmodernes Gerät aus der fernen Zukunft. Es vibriert, wenn es heiss wird.

CIA, FBI etc. haben mit Spuck einen Deal gemacht: Er liefert ihnen Infos aus der Zukunft, indem er den Services als Berater zur Verfügung steht. Im Gegenzug erhält er eine neue Identität, sodass er ein normales Leben führen kann. Er reiste erstmal ins „alte Europa".

Spuck hatte schon so eine Ahnung, was er aus seiner Situation machen konnte: Er hatte das Käsesahne-Rezept der SURPRISE im Internet versteigert. Dies verschaffte ihm die finanzielle Unabhängigkeit, die Welt nach seinen Vorstellungen zu verändern und vor allem: zu verschönern.

Kork trifft seinen Spucky wieder, nachdem dieser in den letzten 300 Jahren die Welt verschönert hat.

Spuck im Jahr 2004

Was für eine Welt! Kein Regulator und keine Bedrohung vom Mars. Der Plan scheint aufgegangen zu sein. Was für ein Wiedersehen!

Mit den Einnahmen aus dem Verkauf des Käsesahne-Rezepts verschaffte er sich sehr viel Einfluss und Anerkennung auf der Erde. Spuck wurde zum reichsten Mann der Welt. Sein Wissen aus der Zukunft machte ihn zu einer Art Propheten. Seine Art spiegelte genau den Zeitgeist des frühen 21. Jahrhunderts, und seine Ideen und Konzepte fanden großen Anklang. Er konnte sich die teuersten Architekten mit den verrücktesten Ideen leisten, um weltweit Akzente und Signale zu setzen. Seine Lieblingsfarbe, pink-camouflage, wurde festes Erkennungsmerkmal seines Stils. Spuck hatte bereits beim Abschied von seinen Freunden in der Wüste von Nevada das gute Gefühl, dass er sie – zwar erst in 300 Jahren – aber auf jeden Fall wieder sehen würde. Die Tatsache, dass er einige Generationen von Mitmenschen überlebte, verstärkte seine Propheten-Aura. Spuck spielte seinen Status aber stets bescheiden herunter, und seine Art, niemanden belehren oder bekehren zu wollen, verhinderte auch, dass er irgendwann – wie das Propheten normalerweise passiert – ernsthaft verfolgt wurde. Er wurde geliebt.

Spuck arbeitete zielstrebig auf den Zeitpunkt hin, an dem er den Käpt´n und die anderen wieder sehen sollte. Die Technik für Zeitreisen wurde nicht – oder noch nicht – entwickelt. Durch die Vernichtung des UFOs hatte auch die Raumfahrt nicht so einen drastischen Schub erhalten. Der Mars wurde nicht von Menschen besiedelt.

Um seinem Käpt´n und den anderen aus der Crew einen fantastischen Empfang in der Zukunft zu ermöglichen, hatte sich Spuck mächtig ins Zeug gelegt. Er versuchte, alle Crewmitglieder, Bekannte und Freunde der Zeitreisenden weltweit ausfindig zu machen und sie zum Zeitpunkt der Rückkehr im Jahr 2304 als Empfangskomitee für den Käpt´n und die anderen präsentieren zu können. Die Zeitreise war ein voller Erfolg!

Zeitreisende in der Weltgeschichte

Wie wir heute wissen, gab es bereits vor Kork, Spuck, Metapha und Rock Menschen, die Zeitreisen unternahmen. Solche Reisen wurden von sog. TIME TRAVEL CENTERN* organisiert.

Diese Zeitreisen können aus heutiger Sicht als wissenschaftliche Testläufe bezeichnet werden. Für diese Test-Zeitreisen suchte man nach Freiwilligen, die nicht gerade als die schlauesten Köpfe ihrer Zeit galten. Meistens waren es unbeschäftigte Träumer ohne allzu großen Freundeskreis. Denn als Zeitreisender verschwindet man für eine gewisse Zeit spurlos oder man taucht einfach gar nicht mehr auf. Man wollte mit dieser gezielten Auswahl verhindern, dass das Verschwinden von Freunden oder Angehörigen bemerkt würde, da bis zur Reise unserer Crew noch kein einziger Reisender jemals aus der Vergangenheit zurückgekehrt war.

Dass diese Personen nie zurückkehrten, lag wohl an der Tatsache, dass sie ihren Wissensvorteil aus der Zukunft immer auf die eine oder andere Art auszunutzen wussten und dadurch relativ leicht Anerkennung und Ruhm in der Zeitepoche, in der sie gelandet waren, erlangten. Von einigen hat man zwar bis heute nichts mehr gehört, andere haben sich dagegen einen Platz unter den bedeutendsten Persönlichkeiten der Weltgeschichte gesichert. So z.B. Leonardo da Vinci. Er war ein nicht sehr gebildeter Zeitreisender, der allenfalls ein bisschen malen und zeichnen konnte. Er unterbrach eine fast 300-jährige Familientradition, als er beschloss, die Pizzabäckerei seines Vaters in zehnter Generation nicht mehr fortzuführen. Von der Familie verstoßen, aber von der Mutter immerhin noch mit Essen versorgt, hielt er sich mit dem Illustrieren billiger Kinderbücher über Wasser. Als sich ihm die Möglichkeit einer Zeitreise bot, sah er darin vermutlich die Chance seines Lebens. Leonardo reiste aus dem Jahr 2232 in das Jahr 1480. In seinem Reisegepäck befanden sich einige Gemälde, die er noch vor der Abreise auf einem Flohmarkt erstand. Nachdem er sich ganz gut eingelebt hatte, präsentierte er davon z.B. im Jahr 1506 die Mona Lisa. Die hieß eigentlich Anneliese Schulmeister, und Leonardo hatte sie nur gekauft, weil sie so lächelte wie seine Mutter, wenn er einen guten Teller ihrer Pasta verspeist hatte. Für die damalige Zeit war dieses Gemälde natürlich eine extrem fortschrittliche Licht- und Schattenmalerei, und Leonardo da Vinci erhielt viel Anerkennung.

Später kritzelte er noch einige Skizzen von Dingen, die er aus der Zukunft im Kopf hatte, etwa von Hubschraubern oder von anderen Dingen, die aber zu dieser Zeit noch nicht gebaut werden konnten. Er schaffte es auf diese Weise, dass man ihn als wissenschaftliches Universalgenie regelrecht feierte.

*TIME TRAVEL CENTER

Eine Organisation, die Zeitreisen organisierte. Diese Institution war eine Unit der Zeitreisenforschung. Hier wurden Menschen für Zeitreisen ausgesucht und vorbereitet und die gesamte Reise organisiert und gebucht. Das Center kreierte für die Zeitreisenden auch wasserdichte Herkunftsgeschichten und Lebensläufe, damit sie bei Ankunft in der Vergangenheit eine glaubwürdige Lebensgeschichte vorweisen konnten.

Das Time Travel Center bekam im Laufe der Zeit ernsthafte Probleme. Die finanziellen Mittel für Zeitreisen wurden drastisch gekürzt. Außerdem wuchs eine Widerstandsbewegung gegen Zeitreisen heran. Es entstand eine mächtige Organisation unter dem Namen „TimePeace", die erreichte, dass den Zeitreisen vor allem aus ethischen Gründen ein Ende bereitet wurde.

Das optimale Zeitreisevehikel

Nach sehr langen und intensiven Forschungen und Testreihen zum Thema Zeitreisen hat sich ein Typ Zeitmaschine als geradezu ideal herausgestellt. Ein mit der nötigen Technik ausgestattetes Sofa bietet die optimalen Voraussetzungen und eine sehr gute Performance. Dies lässt sich wissenschaftlich recht einfach erklären:

Für Zeitreisen hat sich der Zeitfaktor „Gemütlichkeit" als von hoher Bedeutung herauskristallisiert. Wie sicherlich jeder von uns am eigenen Leibe schon erfahren hat, spielt im Zustand der totalen Gemütlichkeit der Faktor Zeit absolut keine Rolle, ist de facto nicht vorhanden. Dieses Nichtvorhandensein der Zeit ist die Voraussetzung für eine erfolgreiche Zeitreise. Die Wissenschaft spricht hier vom Gemütlichkeitsfaktor. Je höher dieser Faktor ist, desto einfacher und sicherer gestaltet sich die Reise in der Zeit. Der Gemütlichkeitsfaktor errechnet sich aus folgenden variablen Größen: Trägheit, Gleichgültigkeit, Schwere, Gewicht, Müdigkeit, Stille. So erklärt sich auch, warum gerade ein Sofa so gute Voraussetzungen für eine Zeitmaschine bietet. Kein anderer Gegenstand dieser Welt vereint diese Attribute so perfekt wie ein Sofa. Jeder, der ein gemütliches Sofa besitzt, kann dies ausprobieren.

Um das Sofa in den Zeitreisemodus zu versetzen, werden die einzelnen Größen des Gemütlichkeitsfaktors durch einen Plasmabeschleuniger so lange integriert, bis das Sofa das Reise-Energieniveau erreicht hat. Wenn es sich um ein nachweislich gemütliches Sofa handelt, ist der Energieaufwand sogar recht gering. Maximal 60 Watt reichen dann schon aus. Die Integration durch den Plasmabeschleuniger macht sich mit speziellen Geräuschen und schillernden Farb-Blitzen am Abreiseort für die Umstehenden bemerkbar. Eine weitere Anhebung des Energieniveaus ist dann nicht mehr notwendig, das Sofa wird in einen Zeittunnel hineinbefördert. Die integrierte Compu-

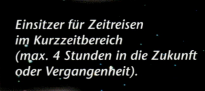

Einsitzer für Zeitreisen im Kurzzeitbereich (max. 4 Stunden in die Zukunft oder Vergangenheit).

tertechnik stabilisiert den Reisezustand, bis die programmierte Zeit erreicht ist. Leider bereitet genau dieser Punkt den Forschern noch erhebliche Probleme – bei Reisen in die Vergangenheit liegt die Trefferquote, in der angepeilten Zeit zu landen, bei unter 50%. Weitaus schwieriger ist es, das Reisegerät nicht nur auf der Zeitachse, sondern auch von Ort zu Ort zu versetzen. Hierfür sind zusätzliche aerodynamische Grundlagen zu beachten. Auch die ausreichende Kühlung des Zeitsofas spielt eine große Rolle. Beim Sofa übernehmen die Quasten (wissenschaftlich auch Fransen genannt) die Kühlfunktion und Stabilisierung des Vehikels.

Die Passagiere der Zeitreise müssen nur Platz nehmen. Unbedingt notwendig ist das korrekte Anschnallen, um nicht eventuell zum falschen Zeitpunkt vor lauter Gemütlichkeit vom Sofa zu rutschen. Dies hätte verheerende Folgen für den Zeitreisenden. Fällt einer der Zeitreisenden noch vor der Ankunft vom Sofa oder gerät er zu nahe an die Plasmaspannung, wird er augenblicklich in den embryonalen Zustand zurückversetzt. Er findet sich dann plötzlich bei vollem Bewusstsein eines Erwachsenen als Embryo im Mutterleib wieder. Timetravel-Wissenschaftler haben herausgefunden, dass man im Leib der Frau landet, an die man als Letztes gedacht hat. Dies ist der Grund, warum immer wieder vollbusige Frauen mit den Maßen 96/60/90 männliche Wunderkinder bekommen, die bereits im Kleinkindalter über herausragendes Wissen und besondere Fähigkeiten verfügen.

Einfache Freiluftzeitmaschine. Bevorzugt von Verliebten; weniger, um in der Zeit zu reisen, vielmehr, um die Zeit „stehen bleiben" zu lassen.

4-sitziger Prototyp, nicht funktionsfähig wegen zu geringer Gemütlichkeit.

Außerdem wird den Passagieren das Tragen einer speziellen Schutzbrille empfohlen, denn ohne sie verändert sich bei einer Zeitreise die Wahrnehmung des menschlichen Farbspektrums für immer. Der Reisende sieht dann plötzlich Grün anstatt Rot, was ihm nach seiner Rückkehr die Orientierung im Straßenverkehr fast unmöglich machen würde.

Wurmlöcher

Das Universum ist nichts anderes als ein Lumbricus terrestris (Regenwurm). Der Lumbricus hat irgendwann (so ca. vor 13,7 Milliarden Jahren aus unserer Sicht) damit begonnen, Erde zu essen. Erde besteht bekanntlich aus vielen Elementen: zum größten Teil aus Wasserstoff, Kohlenstoff, Stickstoff, Helium, Schwefel, Chrom, Sauerstoff, Selen, Nickel, Eisen ... und noch einigem mehr (landläufige Bezeichnung: Lehm, Humus etc.).

Hat der Regenwurm die Erde zu sich genommen, beginnt sich diese von vorne nach hinten durch den Wurm zu bewegen. Das Innere des Regenwurmes ist in Wirklichkeit das, was wir hier auf der Erde als Universum bezeichnen. Wir befinden uns also als winziges Teilchen, das wir als Erde kennen, im Inneren dieses Regenwurmes. Kaum vorstellbar für uns Menschen, dass wir im Grunde genommen so unglaublich klein sind, aber Größen und Entfernungen sind immer nur relativ. Weil der Regenwurm so groß ist und wir so klein sind, betrachten wir den an sich simplen Inhalt des Wurms als eine Vielzahl einzelner Planeten, die für unsere Verhältnisse nahezu unvorstellbar weit auseinander liegen. Wir bewegen uns auf unserem Teilchen namens

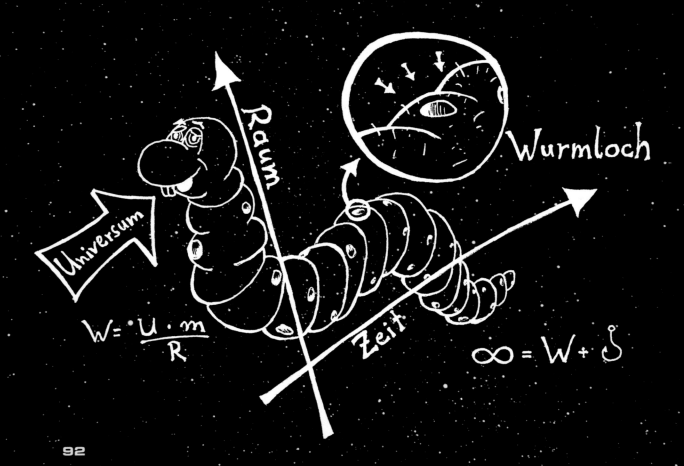

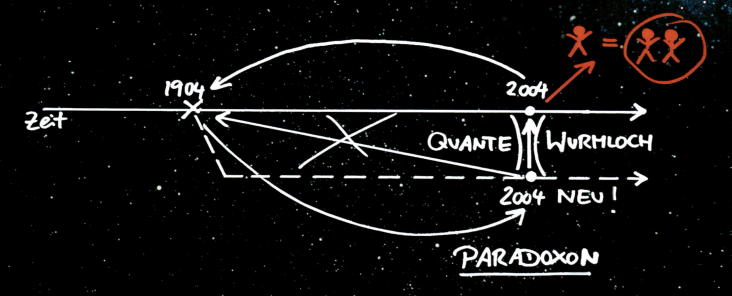

So entschlüsselte Zeitreisenexperte Bully das Phänomen Zeitreise (eine Skizze aus dem Jahr 2004).

Erde mit einer für uns ungeheuren Geschwindigkeit durch den schier unendlich langen Wurm (nach nun schon 13,7 Milliarden Jahren befinden wir uns noch nicht mal in der Mitte des Wurms). Für den Wurm dagegen ist diese Zeit wohl relativ kurz, er interessiert sich allerdings nicht dafür (er interessiert sich sozusagen „einen Dreck" für das, was in ihm vorgeht). Weil sich die Erde von vorn nach hinten durch den Wurm bewegt, entsteht bei uns der Eindruck, dass sich die Zeit – also das, was wir als solche bezeichnen – in eine Richtung bewegt oder „voranschreitet".

Man kann davon ausgehen, dass es unendlich viele Regenwürmer gibt, die jeweils ein Universum beinhalten. Verlässt die Masse (das Universum) nach ca. 28 Milliarden Jahren den Wurm, liegt sie bewegungslos da – man spricht dann von einem „Kritischen Punkt". Die Masse (die Erde – oder eben das Universum) befindet sich in einem Zustand der Bewegungslosigkeit, der so genannten Zeitlosigkeit. Die Masse gerät erst wieder in Bewegung, wenn sie erneut von einem Regenwurm gegessen wird (sie wird damit auch wieder einem Zeitfluss ausgesetzt). In der Regel wird die Masse von einem kleinen „Bäuerchen" des Wurmes in Bewegung gesetzt – der wissenschaftliche Ausdruck hierfür ist der „Urknall".

Was passiert, wenn man in diesem Wurm eine Zeitreise unternehmen will?

Wer auch immer diese Zeitreise vorhat, muss ein Gerät entwickeln, mit dem er aus dem Wurm herauskommt. Wir Menschen müssen dazu den kürzesten Weg wählen. So ein Wurm ist für uns Menschen immerhin bis ca. 40 Milliarden Lichtjahre lang. Die Breite beträgt nur ca. ein Zwanzigstel davon. Gelingt es, durch die Außenhaut des Wurms in den Zustand des Stillstands zu gelangen, ist es möglich, von dort durch die Poren des Wurms (Zeittunnel; Wurmloch) einen Bereich vor oder nach dem Abflug zu erreichen.

✱RAUMSCHIFF SURPRISE
PERIODE 1

Shirt purple
Langarmshirt,
purple-schwarz,
mit original Stickemblem.
100 % Baumwolle
Gr. M, L, XL, XXL

Best.-Nr. 651066
39,95 EUR

Shirt orange
Langarmshirt,
orange-schwarz,
mit original Stickemblem.
100 % Baumwolle
Gr. M, L, XL, XXL

Best.-Nr. 651064
39,95 EUR

Shirt grün
Langarmshirt,
grün-schwarz,
mit original Stickemblem.
100 % Baumwolle
Gr. M, L, XL, XXL

Best.-Nr. 651065
39,95 EUR

Der Oberarmreif der Königin Metapha
925/Silber

Best.-Nr. 651119   **195,00 EUR**

Metapha Logo Ohrstecker
925/Silber

Best.-Nr. 651118   **47,00 EUR**

Metapha Logo Ring
925/Silber
Gr. 50, 54, 58, 62, 66, 70

Best.-Nr. 651117
82,00 EUR

Metapha Logo Anhänger
925/Silber

Best.-Nr. 651120
49,95 EUR

Königin Metapha Ring
925/Silber
Gr. 50, 54, 58, 62

Best.-Nr. 651116
77,00 EUR

Schweizer Taschen*messer*laser

Der hochwertige Taschenlaser von victorinox
hat 15 Funktionen, z.B. Korkenzieher, Dosenöffner mit
Schraubendreher, Leuchtdiode

Best.-Nr. 651073
38,00 EUR

Wackelfigur
Der sprechende Star des
Films als Wackelfigur für
Auto oder Zuhause,
"wackelt" durch Feder im
Hüft- und Halsbereich
und hat einen Soundchip
mit Sprüchen.
Größe: 15 cm

Best.-Nr. 651124
9,95 EUR

Magnetfiguren
3er Set, Gr. 7 cm

Best.-Nr. 651122
7,95 EUR

Das Computerspiel zum Film
- Entwickelt von Phenomedia ("Moorhuhn"-Serie) in enger Zusammenarbeit mit Bully und seinem Team.
- Klassisches Adventure Game, angereichert mit Bullys grandiosem Humor.
- Spiele abwechselnd die Hauptcharaktere des Films!
- Ein Muss für jeden Bully-Fan und für alle, die das (T)Raumschiff Surprise-Abenteuer zu Hause noch einmal erleben möchten.

Best.-Nr. 651121   **24,95 EUR**

Bettwäsche
Kissenbezug: 80 x 80 cm
Bettbezug: 135 x 200 cm
100% Baumwolle

Best.-Nr. 651084
44,95 EUR

Bettwäsche
Kissenbezug: 80 x 80 cm
Bettbezug: 135 x 200 cm
100% Baumwolle

Best.-Nr. 651085
44,95 EUR

Crew
T-Shirt, marine
Gr. M, XL

Best.-Nr. 651006
17,90 EUR

Kuscheldecke
150 x 200 cm
40% Dralon, 60% Baumwolle

Best.-Nr. 651083
49,95 EUR

Strandtuch
75 x 150 cm
100% Baumwolle

Best.-Nr. 651086
22,95 EUR

Schriftzug
Girlie-Shirt, schwarz
Gr. S, M, L

Best.-Nr. 651002
17,90 EUR

Logo
Tasse, weiss

Best.-Nr. 651012
9,90 EUR

Das Spiel
Turbulentes Spiel für
3-6 wackere Freistilschweber
ab 12 Jahren.

Best.-Nr. 651071   **14,99 EUR**

Vulcanettenluder
Girlie-Shirt, schwarz
Gr. S, M, L

Best.-Nr. 651004
17,90 EUR

Die ultimative Kalender-Überraschung naht in Mopsgeschwindigkeit: Das (T)Raumschiff Surprise - Periode 1 Maxi Date Book vom Friedrich W. Heye Verlag ist schön übersichtlich, hat viel Notiz-Platz und bringt jede Menge Spaß mit Käpt'n Kork & Co. Gleiches birgt auch die Agenda, mit der man durch einen integrierten Spiegel auch zusätzlich noch immer seinen Style checken kann.

Das Kartenspiel
55 kultverdächtige Motivkarten
für Skat, Poker, 66, Mau Mau und
andere Spielchen mit Karten.

Best.-Nr. 651069   **4,99 EUR**

Sheriff Shorty's Favorite Flavor
jede Tasse ist ein handgefertigtes Unikat mit 3 l Inhalt.

Best.-Nr. 651123
79,90 EUR

Maxi Date Book
Best.-Nr. 651125
13,95 EUR

Agenda
Best.-Nr. 651126
9,95 EUR

... **und noch mehr Fanartikel findet ihr unter**
www.bully-merchandise.de

© 2004 herbX film · www.periode1.de · Fotos: © herbX film / JAT Jürgen Olczyk

„Zum Abschied
sag ich leise
Scheiße..."